我国乡村治理创新发展研究

李建伟 等著

人民出版社

目　录

综合研究

经济建设与乡村治理

政府建设与乡村治理

社会建设与乡村治理

文化建设、生态建设与乡村治理

乡村治理政策建议

综合研究

我国传统治理思想和
治理模式的历史演进与启示

　　中华民族有五千年的文明发展历史。五千年的历史孕育了丰富多彩的文化与哲学思想,也积累了深厚的国家治理经验。自公元前1046年西周立国开始,中国逐步建立了以分封制和乡官礼治为特征的完备国家治理机制,形成了儒家、法家、道家和墨家四大哲学思想体系。历经秦汉、隋唐、两宋、元明清各朝代的发展,中国的封建王朝逐步形成了外儒内法、德主刑辅的治理思想,构建起以三省六部制为基础的中央治理格局、省府县三级行政管理机制和具有较强自治精神的基层治理模式。辛亥革命成功推翻了在中国厉行三千多年的封建帝制与君主专制,启动了国家治理的现代化进程,国家治理机制从君主专制逐步演变为兼容西方民主分权思想和中国传统治理精髓的现代化治理模式。党的十九大在社会治理理论、制度、实践三方面均作出了重大创新,提出要打造共建共治共享的社会治理格局,建立和完善"党委领导、政府负责、社会协同、公众参与、法治保障"的社会治理体制,以提高社会治理社会化、法治化、智能化、专业化水平为导向,健全自治、法治、德治相结合的乡村治理体系。以史为鉴可以知兴替,中华民族三千年的治理历史有许多经验教训,也孕育了博大精深的治理思想,未来我国社会治理的现代化,需要在遵循经济社会发展规律基础上,继续发挥传统文化与传统治理思想在推进国家治理能力和治理体系现代化中的作用。

一、我国传统文化中的四大治理思想

传统文化是一个国家或民族社会治理的基础。中国有五千年的文明发展历史，早在春秋战国时期就形成了儒家、法家、道家和墨家四大思想体系，这四大思想体系对中国传统社会治理都有深刻影响。

以孔子为代表的儒家思想倡导"礼制""仁政"，追求建立在社会秩序有序发展基础上的德治。儒家思想倡导的礼制源于《周礼》，从汉朝《周礼注疏》可以看到，《周礼》对国家治理机制和社会秩序均作出了详细规范。如《周礼注疏》卷二将大宰职能概括为掌管官僚机构、教育、礼仪、行政、刑法、民生等社会事务的六典，"大宰之职，掌建邦之六典，以佐王治邦国：一曰治典，以经邦国，以治官府，以纪万民；二曰教典，以安邦国，以教官府，以扰万民；三曰礼典，以和邦国，以统百官，以谐万民；四曰政典，以平邦国，以正百官，以均万民；五曰刑典，以诘邦国，以刑百官，以纠万民；六曰事典，以富邦国，以任百官，以生万民"①。以孔子为代表的儒家在主张恢复周礼、维护社会道德规范和生活准则的同时，将"仁政"纳入礼制范畴，形成了儒家的"德治"思想。孔子主张恢复礼治，"名不正，则言不顺；言不顺，则事不成；事不成，则礼乐不兴；礼乐不兴，则刑罚不中；刑罚不中，则民无所措手足。""上好礼，则民莫不敢不敬；上好义，则民莫敢不服；上好信，则民莫敢不用情"（《论语·子路》）；在恢复礼治的同时，孔子主张施行仁政，"政者，正也。子帅以正，孰敢不正？""其身正，不令而行；其身不正，虽令不从""子为政，焉用杀？子欲善而民善矣。君子之德

---

① （汉）郑玄注，（唐）贾公彦疏：《周礼注疏》卷二，上海古籍出版社 2010 年版。大宰的职责，掌管建立和颁行王国的六种法典，以辅助王统治天下各国。第一是治典，用来治理天下各国，治理官府，治理民众。第二是教典，用来安定天下各国，教育官府的官吏，使民众顺服。第三是礼典，用来谐调天下各国，统御百官，使民众和谐。第四是政典，用来使天下各国政治公平，百官政风端正，民众赋役平均。第五是刑典，用来禁止天下各国的叛逆，惩罚百官的违法者，纠察民众。第六是事典，用来使天下各国富强，百官胜任职事，民众能得生养。

风;小人之德草。草上之风,必偃。"(《论语·颜渊》)。儒家思想体系核心是仁政,为政以德,宽厚待民,倡导广大民众要遵从以尊卑等级为核心的礼法,社会精英阶层的士大夫应遵循"修身齐家治国平天下"的道德行为准则,"居庙堂之高则忧其民,处江湖之远则忧其君"①;统治阶层应施行仁政,即对百姓施行仁慈的统治,孟子将仁政概括为"王如施仁政于民,省刑罚,薄税敛,深耕易耨;壮者以暇日修其孝悌忠信,入以事其父兄,出以事其长上,可使制梃以挞秦楚之坚甲利兵矣"(《孟子·梁惠王上》)。

以管仲、商鞅、韩非子为代表的法家思想倡导以封建法治为核心进行治理。法家思想源于春秋时期的管仲,管仲辅佐齐桓公治齐,在将礼义廉耻作为国家治理基础、发挥礼义廉耻道德教化作用的同时,强调以法治国,君臣上下贵贱皆从法,成为中国历史上第一个提出以法治国的人。管仲法治思想的核心是"礼法"并用,即以礼来维护君臣上下之别,以法来让全国上下奉统治者意志而行。在管仲及其法治思想的辅佐下,齐桓公成为春秋时期早期的霸主。管仲之后,战国时期李悝(公元前445—前396年在魏国任宰相并进行尽地力、平籴法改革)、吴起(公元前386—前381年任楚国令尹,对楚国政治、法律、军事等实行改革变法)、邹忌(公元前378年任齐国宰相,进行修明法制、选贤任能、赏罚分明等政治改革)、商鞅(公元前356—前350年任秦国左庶长,进行废井田、重农桑、奖军功、统一度量和建立县制等一整套变法)、申不害(公元前351年任韩国宰相,进行了"内修政教,外应诸侯"的变法)等法家先贤相继在各国变法,废除贵族世袭特权,鼓励平民通过开垦荒地、获得军功等渠道成为新的土地所有者,实现了不同时期各国由弱变强。战国末期,韩非子对战国时期法家的思想和实践进行了总结,形成了法、术②、势③相结合

---

① 《范文公正集·岳阳楼记》,《四库全书》本。
② 术源于春秋战国时期申不害的治理思想,是指君主驾驭臣下的方法。
③ 势源自春秋战国时期管仲的治理思想,是指君主的权利,《管子·法法》中说"君之所以为君者,势也"。

的法治理论,其重要主张包括:君主专制与中央集权,"事在四方,要在中央;圣人执要,四方来效"(《韩非子·物权》),即国家的大权,要集中在君主一人手里,君主必须有权有势,才能治理天下;以法为治国之本,"以法为教"(《韩非子·五蠹》);严格执法,任何人不能例外,"法不阿贵","刑过不避大臣,赏善不遗匹夫"(《韩非子·有度》)。

以老子为代表的道家思想倡导尊重个人意志,道法自然,无为而治。老子认为,"以正治国,以奇用兵,以无事取天下"(《道德经》第57章),即应以无为、清静之道治理国家,以奇巧、诡秘的办法用兵,以不扰害人民治理天下;"我无为,而民自化;我好静,而民自正;我无事,而民自富;我无欲,而民自朴"(《道德经》第57章),即我无为,人民就自我化育;我好静,人民就会遵守法纪;我无事,人民就自然富足;我无欲,人民就自然淳朴。老子的"无为"并非是无所作为,而是倡导在遵循客观规律和法律制度基础上,减少统治阶层的干预,充分发挥民众的自我管理能力与创造力,在官僚"无为"的同时实现天下大治,用现在的语言来说就是减少政府干预、发挥群众的主动性与创造力、实现社会自治。

以墨子为代表的墨家思想主张"兼爱""非攻""尚贤""尚同""节用"①,即追求博爱、和平、团结、精英治国和简朴生活,促进社会和谐发展。墨子的治理思想主要体现在其《尚贤》《尚同》《法仪》《辞过》等著述之中,他主张任人唯贤,认为国君重视、任用贤良,国家才可以生存,"见贤而不急,则缓其君矣。……缓贤忘士而能以其国存者,未曾有也"(《墨子·尚同中》);一个国家贤良人士的多寡,直接决定其国家治理的优劣,"国有贤良之士众,则国家之治厚,贤良之士寡,则国家之治薄"(《墨子·尚贤上》);君主之所以能够实现天下大治,是其能够一同天下之义,"察天子之所以治天下者,何故之以也?曰唯以其能一同天下之义,是以天下治"(《墨子·尚同

---

① "兼爱"指爱无差别等级,不分厚薄亲疏;"非攻"即不要攻击别人的国家;"尚同"即要求百姓与天子皆上同于天志,上下一心,实行义政;"尚贤"即选举贤者为官吏,选举贤者为天子国君;"节用"即主张过清廉俭朴的生活。

中》);治理国家不能没有法度,但律法必须仁义、兼爱,"法不仁不可为法""爱人利人者,天必福之,恶人贼人者,天必祸之"(《墨子·法仪》);君主要天下大治而不混乱,自身必须清廉简朴,"君实欲天下之治,而恶其乱也,当为宫室不可不节"(《墨子·辞过》)。

除四大思想体系外,以佛教为主的宗教在社会治理中也具有广泛影响。佛教自西汉末年传入中国,在南北朝时期(420—589 年)和隋唐时期,佛教逐步吸纳儒家的入世精神和伦理思想以及道家《道德经》中的思想,形成了生死轮回、因缘生法、慈悲为怀、积德行善等中国化佛教思想,对信众的道德行为规范产生了广泛而深刻的影响。但与欧洲历史上宗教在国家治理中占据主导地位不同,佛教从未超越儒家、道家、法家和墨家思想,在中国国家治理中占据过主导地位。

四大思想体系中对社会治理影响最大的是儒家的德治思想和法家的法治思想,纵观历朝历代,除个别时期如魏晋南北朝时期佛教中国化并对信众的行为规范产生影响较大之外,中国不同朝代的社会治理思想基本上是"外儒内法",即以儒家的德治和法家的法治作为社会治理的基础。

二、周朝的分封制、乡官礼治与传统
治理思想的形成与发展

公元前 1045 年,周武王灭商建立周朝,大封皇族及功臣,实行分封诸侯制度,由此建立了中国的封建社会。① 周朝分为西周(公元前 1046—前 771 年)和东周两个时期(公元前 770—前 256 年),西周时期形成的礼制治理体制和东周时期的治理体制改革及由此形成的儒、墨、道、法四大治理思想,成为影响我国历朝历代社会治理的基础治理模式与指导思想。

---

① 参见瞿同祖:《中国封建社会》,上海人民出版社 2012 年版。

（一）西周国家治理的分封制与乡官礼治

西周自周武王灭商后的公元前 1046 年起,到公元前 770 年(周平王元年)周平王将都城从镐京(今陕西西安西南)东迁至都城洛邑(今河南洛阳)止。西周的国家治理以五大制度为基础。(1)封建制度。周朝建立后把土地分封到王室成员和有功臣子,建立诸侯国,各诸侯国奉周王室为共主,每年向周王室进贡,周天子有权干涉诸侯国内政。(2)井田制度。周朝的井田(因道路和渠道纵横交错将土地分割为方块)归周王所有,分配给庶民耕种,井田领主不得买卖和转让,且要向周王室缴纳贡赋。(3)宗法制度。宗法制度源于夏商,完备于周朝。周朝的宗法制度分为大宗和小宗,周王是天子,为天下大宗;各诸侯相对周王是小宗,在封国内是大宗;卿大夫(诸侯儿子)对诸侯是小宗,在其采邑内是大宗;以此类推,在家族内长子是大宗。大宗对宗族内成员享有统治权和政治上的特权,由此形成了政权、族权、神权和夫权构成的封建宗法制度。(4)国野制度。这一制度是西周时期的城乡管理体制。诸侯在其封地建设具有防御性的城,城内为"国",城外为"野";城外之"野"又以"郊"为界分为"乡"和"遂",城外百里为"郊",郊内为"乡",郊外为"遂"。国人与野人虽同属平民阶层,但政治地位不同。(5)礼乐制度。西周形成的礼乐制度是对后期历代王朝国家治理影响最大的制度。公元前 1043 年,周武王殁,周武王的儿子诵继位为周成王,由周公旦辅政。相传周公旦在继承夏朝和商朝的礼乐文化基础上,编著了《周官》①,西汉时期《周官》更名为《周礼》,《周礼》对西周时期统治阶层各级官僚的职能、礼仪、考察制度都作出详尽描述,对各种活动如祭祀、土地管理、诉讼、徭役也作出详细规范,成为西周及以后中国历代王朝国家治

---

① 《史记·周本纪》载:"既绌殷命,袭淮夷,归在丰,作《周官》。兴正礼乐,度制于是改,而民和睦,颂声兴。"周公废黜殷祀,袭击淮夷以后,回到西周首都丰京,写下了《周官》。

理的法典。

在基层治理方面,西周建立了影响深远的乡官礼治体制。其组织方式是在基层按照一定户数与功能,设置多层次的政治教化组织,即"五家为比,使之相保;五比为闾,使之相爱;四闾为族,使之相葬;五族为党,使之相救;五党为州,使之相赒;五州为乡,使之相宾"①。各级组织相应设置比长、闾胥、族师、党正、州长、乡大夫等官职,负责组织内政治、军事、教化、调查、赋税等事宜。比如乡大夫(乡师)负责一乡(7500户)的政教禁令、选拔贤能、乡射之礼、人口户籍统计等事务,"乡大夫之职,各掌其乡之政教禁令";州长负责一州(2500户)的政令教法、德行善恶考察、戒令赏罚、征伐劳役等事务,"州长,各掌其州之教治政令之法";党正负责一党(500户)法令宣读、劝善纠过、德行道艺记录、征伐劳役,以及乡饮、祭祀、丧葬、婚假、加冠礼仪事务,"凡其党之祭祀、丧纪、昏冠、饮酒,教其礼事,掌其戒禁";族师负责本族(100户)的法令宣读、刑法、善行记录、户口财产统计、编伍互助联保、兵役组织等事务,"族师,各掌其族之戒令政事。政事,邦政之事";闾胥负责一闾(25户)的祭祀、征调、法令宣读、善行记录、失礼惩罚、户籍人口统计事宜,"闾胥,各掌其闾之徵令";比长负责一比(5户)的互保连坐、人口迁移护送事务,"比长,各掌其比之治。五家相受,相和亲,有辠奇衺则相及"②。周朝五户为比的编排,包含连坐的内涵,但更重要的是五家之间的相互依托与共济互助,具有较强的自治性质。

在基层治理中,西周对乡大夫到比长各级官员的履职情况,每年都要进行年终考核,每三年进行一次大考评,并根据考评情况决定对其奖惩和废置,"三年大比,则大考州里,以赞乡大夫废兴"③。

① (汉)郑玄注,(唐)贾公彦疏:《周礼注疏》卷二,上海古籍出版社2010年版。
② (汉)郑玄注,(唐)贾公彦疏:《周礼注疏》卷十二,上海古籍出版社2010年版。比长负责比内五家的治理,五家相互寄托,如有不和,比长负责调解使其和睦,五家有罪恶则五家连坐。
③ (汉)郑玄注,(唐)贾公彦疏:《周礼注疏》卷十二,上海古籍出版社2010年版。

西周的乡官礼制模式也鼓励乡民参与治理,如鼓励乡民参与诉讼判决,"凡民讼,以地比正之"①,即乡里之民争讼,要让了解是非的邻里(当地比的乡民)参与诉讼的裁判,以公正判断。同时,鼓励乡民推举贤能之人参与基层治理,"使民自举能者,因入之而使之治民之贡赋田役之事于内也"②,让乡民举荐贤能的人,根据贤能之人的能力出任比长以上的官职,负责贡赋、田役等事务。

(二)春秋时期的礼崩乐坏与四大治理思想的形成

西周建立的封建制度对巩固周王室统治广袤国土起到了重要作用,特别是周穆王在位期间,周王室东征荆楚、西伐犬戎,王朝疆域不断扩大,在新增疆域设立诸侯国,有效地增强了周王室的统治。但建立在礼制基础上的封建制度有其难以克服的弊端,即除礼乐制度外,周王室缺乏制约诸侯的法制、行政和军事等有效手段,最终导致春秋末期"礼崩乐坏",周王室统治名存实亡,各诸侯国变法图强,治理体制由礼制转向法治。

西周早期,周王室势力雄厚加上和诸侯国密切的宗亲关系③,周王能够号令诸侯。西周末年和春秋初期,周王室的势力已经衰落,诸侯国为了争夺资源和土地,相互倾轧,大国侵吞兼并小国,郑、卫、晋等诸侯大国势力日渐增强。郑国作为实力最强的诸侯大国,曾带领诸侯国勤王之师打败犬戎,周平王东迁之后,郑国积极服侍王室,平王任用郑武公、郑庄公父子为周王室的卿士,他们把持王朝大政,却把主要精力放在处理郑国国政上,很少理会周王朝政事,还常常借王命大肆扩张。为制衡郑庄公,周平王逐渐起用虢公以分化郑庄公的权力,周王室和郑国的关系开始恶化,以致后来发生了郑庄

---

① (汉)郑玄注,(唐)贾公彦疏:《周礼注疏》卷十,上海古籍出版社 2010 年版。
② (汉)郑玄注,(唐)贾公彦疏:《周礼注疏》卷十二,上海古籍出版社 2010 年版。
③ 据《荀子·儒效》记载,周初"立七十一国,姬姓独居五十三人",即周朝建立之初设置的 71 个诸侯国中,属于周王室宗亲的姬姓占了 53 个。

公与周平王交换人质、周恒王攻打郑国的事情。周郑交质违背了周王室作为天下大宗的礼制,损害了周王室的威望,当时连姬姓的宗室诸侯也不再忠心辅佐周王室,周王室的势力和威望日渐衰落。郑庄公之后,一些较大的诸侯国,为了争夺土地、人口以及对其他诸侯国的支配权,不断进行兼并战争,争做各诸侯的"霸主"地位,先后有齐桓公、宋襄公、晋文公、秦穆公、楚庄王称霸,史称"春秋五霸"。各大诸侯国在争霸过程中均打着"尊王攘夷"的名义,但更多是为自己本国利益服务,表面尊王,实则行扩张兼并之实。在争霸过程中,各诸侯僭越礼制的现象不断出现,比较典型的诸侯僭越天子之礼事件有鲁国的季孙氏①用"八佾舞于庭""旅于泰山"(《论语·八佾》),按礼,只有周天子才可以用八佾舞、祭祀泰山,再如楚庄王问鼎,公元前606年楚庄王攻打陆浑之戎到洛水边,周定王派王孙满去慰问,楚庄王竟问满"鼎之大小轻重",显露楚庄王意图以楚代周夺取天下的意图。《左传·庄公》记载,"楚子伐陆浑之戎,遂至于洛,观兵于周疆。定王使王孙满劳楚子。楚子问鼎之大小轻重焉。对曰:'在德不在鼎。……周德虽衰,天命未改。鼎之轻重,未可问也'"。诸侯争霸造成的连年混战和天下大乱,导致春秋末期周朝的礼乐制度趋于崩溃,史称"礼崩乐坏"。

春秋时期礼崩乐坏、社会失秩、诸侯争霸混战的混乱局面,催生了追求天下大治的中国传统文化的四大思想体系,道家的老子、儒家的孔子、法家的管仲、墨家的墨子等先贤思想学说均诞生于春秋时期。这些思想既反映了当时诸侯国变法图强、民众期望安居乐业的社会需求,也对当时社会治理产生了重要影响。如老子的诸多思想,"民不畏死,奈何以死惧之""治大国如烹小鲜""人法地,地法天,天法道,道法自然"等无为而治、寻道自然的思想,在春秋时期即对社会产生了重要影响。据《庄子》记载,孔子曾多次拜见老子,商讨仁义(《庄子·天道》)、求教问道和自己的《诗》《书》《礼》

---

① 鲁国正卿季孙氏,即季平子。

《乐》等著作(《庄子·天运》)。孔子的"克己复礼"、仁政等思想,在其周游列国过程中对诸侯国恢复社会秩序(恢复礼制)起到了重要作用。管仲的变法则开启了礼法并用的社会治理模式,公元前685年管仲在任职齐国宰相后,通过整顿国政,废除井田制度,按土地的肥瘠,确定赋税,设盐、铁官和铸钱,增加财政收入,寓兵于农等一系列变法,使齐国迅速成为各诸侯国中最富强的国家,齐桓公因此成为各诸侯国的"霸主"。墨子的思想产生于春秋末期,在先秦时期影响很大。

(三)"战国七雄"的治理变法与四大治理思想体系的发展完善

历经春秋时期诸侯国之间的征伐兼并,周朝的诸侯国数量大幅度缩减,西周初期分封的71个诸侯国,到春秋末期仅剩20多个。公元前455年,晋国的韩、赵、魏三大家族联合消灭了智氏家族并瓜分了智氏土地,并于公元前438年瓜分晋国(史称"三家分晋"),周威烈王于公元前403年册立韩、赵、魏三家为侯,周朝进入东周战国时期。战国时期势力强大的诸侯国有齐、楚、燕、韩、赵、魏、秦七国,史称"战国七雄",七雄之间的争霸战争比春秋时期更为激烈,为在争霸战争中胜出,七雄先后进行富国强兵的变法,诸子百家在七雄变法实践中,也对春秋时期形成的儒法道墨四大学说不断完善,构建形成了影响深远的中国国家治理思想体系。

战国时期首先进行治理变法改革的是魏国。公元前403年,周威烈王封魏斯为侯,成为魏国的首任君主魏文侯。魏文侯高度推崇儒家的礼治和仁政思想,并任用李悝为相进行变法,开启了外儒内法的治理模式。魏文侯崇尚儒家治国思想,礼贤下士,施行仁政,在诸侯之中赢得很高声誉,据《史记》记载,秦国因为魏文侯的礼治仁德而不敢伐魏,"秦尝欲伐魏,或曰:'魏君贤人是礼,国人称仁,上下和合,未可图也'"[①]。魏文侯任用李悝主持魏

---

① (汉)司马迁:《史记》,中华书局2010年版。

国的变法工作和法制建设,对治理制度进行了四个方面的重大变革:一是废止世袭贵族特权。李悝提出"食有劳而禄有功,使有能而赏必行,罚必当"、"夺淫民(世袭贵族)之禄,以来四方之士"①,即剥夺世袭贵族采邑的特权,鼓励民众以军功和才能获得封赏。二是废除井田制度。李悝提出"尽地力",鼓励老百姓垦荒,废除原本井田制制度下的土地界限,允许土地私有买卖。按照土地的贫瘠标准,分配给农民土地,制定合理的税收政策,鼓励农民生产的积极性。三是实施法治。李悝主持制定了完备的魏国法律《法经》,包括《盗法》《贼法》《囚法》《捕法》《杂律》和《具律》等六篇,对于国家法令、政府职能、官员的升迁奖惩、军功的奖励,都做了完备的规定。四是改革军事制度,建立"武卒"制。魏文侯的尊儒和李悝的变法,使魏国在战国初期迅速发展壮大为实力最强的诸侯国和中原霸主,魏文侯之后魏武侯任用吴起继续进行改革,魏国国力持续上升,至公元前434年魏惠王带领诸侯朝见周天子,魏国称霸中原长达百年。魏文侯在政治、经济、文化、军事上的治理策略,也因此为后世的帝王所推崇。

魏国变法成功对其他诸侯国起到良好的示范作用,其他诸侯国也纷纷效仿进行变法改革。齐国和秦国的变法对战国时期诸侯格局的影响最大。公元前378年齐威王继位齐国国君之后,任用邹忌为相、田忌为将、孙膑为军师,进行政治改革,修明法制、选贤任能、赏罚分明,国力日强。强大后的齐国经过公元前353年围魏救赵的桂陵之战和公元前341年的马陵之战,大败魏军,称霸百年的魏国一蹶不振,齐国成为新的中原霸主。

秦国的变法始于商鞅变法。公元前356年,秦孝公任命商鞅为左庶长,商鞅效仿魏国李悝在秦国进行第一次变法,主要措施包括:一是推行法治,在李悝《法经》六篇法律基础上,增加了《连坐法》,使西周时期"五家相受"

---

① (汉)刘向撰,向宗鲁校证:《说苑校正》,中华书局1987年版。

的互助编排演变为以五家相互监察、检举为主的治安编排。此连坐制度一直沿用到民国末期,不同朝代仅在用刑幅度上有所调整。二是效仿李悝变法,废止世袭贵族的世禄制,奖励军功。三是效仿李悝的"尽地力"举措,重农抑商,奖励耕织,特别奖励垦荒。四是反对儒家思想,焚烧儒家经典,禁止游宦之民。

公元前 350 年,秦孝公命商鞅进行第二次变法,此次变法比李悝的变法更进一步,基本将西周时期的国家治理制度彻底废弃,变法的主要措施包括:一是废除井田制,明确提出"废井田,开阡陌",实行土地私有化,允许土地自由买卖。二是废除分封制,建立县制,国家治理从贵族分权制改为君主专制。三是统一度量衡,颁布度量衡的标准器,即平籴法。四是实施法治,在李悝《法经》和西周乡官礼制治理体制基础上,增加连坐法,进行人口普查和登记,改西周的比、闾为伍、什(五家为伍、十家为什),实施按户按人口征收军赋制度①。五是推行小家庭制度,禁止父子、兄弟同室居住,规定一户之中有两个以上儿子、儿子到立户年龄而不分居的,加倍征收户口税,"民有二男以上不分异者倍其赋"②。

商鞅的变法触犯了秦国贵族的利益,秦孝公去世、秦惠文王继位后,为平息秦国贵族对变法的强烈不满,秦惠文王将商鞅车裂处死,但秦国依然持续推行商鞅的变法。经过商鞅的两次变法,秦国的旧制度被彻底废除,秦国逐步成为战国七雄中实力最强的诸侯国,为秦统一六国奠定了坚实基础。

魏、齐、秦三国变法后,赵、楚、韩、燕四国也先后进行了变法改革。公元前 408—前 400 年赵烈侯进行了倡仁义、行王道、选贤举能变法改革,公元前 302 年赵武灵王进行了胡服骑射的军事变革。公元前 386—前 381 年楚

---

① 据《史记·商君列传》,商鞅"定变法之令,令民为什伍,而相收司连坐。不告奸者腰斩。告奸者与斩敌首同赏,匿奸者与投敌同罚"。

② (汉)司马迁:《史记》,中华书局 2010 年版。

悼王任用吴起为楚国令尹进行的政治、法律、军事等变法改革,公元前375年韩国的韩昭侯任用申不害为相进行了"修术行道","内修政教"的"术"治方略变法改革。公元前335年燕昭王继位后,招贤纳士,任用从魏国来的乐毅为上将军,乐毅帮助昭王制定法律、严格法治,确定察能授官的用人原则,奖励有功平民,同时整顿军队、加强战法和纪律训练,燕国实力逐步增强,史称"乐毅改革"。

战国七雄的变法改革,一是废除了西周时期的分封制,建立了县治,整个国家治理体制从西周时期的贵族分权转变为君主集权。二是废除了井田制,实行了土地私有化和自由买卖。三是废止了世袭贵族的特权,以军功和贡献获取封赏,给予平民凭个人努力进阶的机会。四是普遍实施法治,以李悝《法经》为基础,构建了各国法治体系。五是改革了西周时期的乡官礼治治理模式,建立了礼治与法治相兼容的基层治理机制。

在长达255年的战国时期,七雄争霸与变法过程中,儒、法、道、墨四大思想体系也在诸子百家的争鸣中不断完善。法家思想经过李悝及其后诸多变法改革家的变法实践得到丰富和完善,在战国末期由韩非子系统整理完善为以法、术、势为基础的完整法治思想体系。儒家思想经孟子、荀子等先贤丰富和发展,形成了礼治与仁政相结合的德治思想体系。老子的道家思想也经庄周的发扬光大,形成了以《道德经》和《庄子》为基础的道家思想体系。战国时期墨家思想颇为盛行,孟子称"杨朱、墨翟之言,盈天下,天下之言,不归杨,则归墨"(《孟子·滕文公下》)。据萧公权考证,战国时期墨子也像春秋时期的孔子一样周游列国,在齐楚等地弟子众多,但其治理思想很少被诸侯采纳,主要原因是墨家思想合乎民众安居乐业的期许,但与当时诸侯争霸的现实和权贵利益冲突。[①]

---

① 参见萧公权:《中国政治思想史》,商务印书馆2018年版,第125—131页。

三、秦汉时期的郡县制、乡教里治与
"外儒内法"治理思想的确立

秦汉时期是我国传统治理思想和治理模式重塑的重要时期,这一时期最终确立的郡县制、外儒内法、乡教里治模式,成为此后历代王朝国家治理模式的摹本。

(一)秦朝的郡县制、重法轻儒与乡教里治模式

战国末期,秦嬴政历经 10 年征战,先后灭掉韩、赵、魏、楚、燕、齐六国,结束了春秋以后五百年的诸侯分割局面,实现全国"大一统",于公元前 221 年建立秦朝。秦朝历经始皇嬴政、二世胡亥、三世子婴仅存 15 年,在历史上为时很短,但秦朝建立的郡县制、乡教里治模式和严密的法律体系,对后世治理的影响却极其深远。

在国家治理方面,秦朝建立了中央集权的郡县制和乡教里治模式。自秦孝公任用商鞅变法开始,秦国就废除分封制、建立县治,秦朝建立后,将县治推广为全国的郡县制和乡教里治模式,彻底改变了西周时期分封制下贵族分权和诸侯割据的格局,建立了以皇帝为核心的中央集权制度。秦朝在中央层面设立了由丞相、太尉、御史大夫三公治理机制,三公分掌政务、军务及监察。中央之下,地方上实行郡县制,设立了三十六郡(后增至四十一郡),郡下设县。县下又有乡、亭、里等基层组织,里下将居民分为什(十人为什)、伍(五人为伍)。由此,秦朝建立了中国历史上第一个郡县制和乡教里治(县以下治理)的国家治理模式,全国由上到下均置于以皇帝为中心的中央集权的严密统治之下。

在治理措施方面,秦朝将商鞅变法时的统一度量衡制度拓展到文化、交通等领域,实行统一文字(把简化了的字体小篆作为标准字体,通令全国使

用）、统一货币（把秦国的圆形方孔钱,作为统一的货币,通行全国）、统一车轨（统一长度、容量、重量的标准）,以便进行统一管理。

在法治方面,秦朝建立了完备的法律体系,推行严刑峻法。秦朝制定了包括《法经》六篇和《田律》《效律》《置吏律》《仓律》《工律》《金布律》《徭律》《傅律》《敦表律》《关市律》《廐苑律》和《戍律》等法律在内的《秦律》,史称十八律。实施重农抑商政策（《田律》《仓律》）,明确各级官员职能与设置（《置吏律》）,统一度量衡及度量器具制作（《效律》《工律》）,明确货币铸造与管理制度（《金布律》）,规定货币的铸造权归国家所有,私人不得铸币,违者定罪。《秦律》量刑严酷,如《盗律》规定,"盗采人桑叶,臧不盈一钱,可（何）论? 赀（徭）三旬""五人,臧一钱以上,斩左止,有（又）黥以为城旦"（秦简《法律问答》）,即盗采人桑叶,赃不盈一钱,要罚服役三十天;五人偷盗,赃一钱以上,斩左足,处以黥刑并处城旦之刑（城旦为发配修长城、戍边四年徒刑）。

在治理思想方面,秦朝重法轻儒。秦国的强盛源于商鞅变法,秦朝建立后任用儒家荀子的弟子李斯为相,李斯的治理主张是法治,在谏秦嬴政施行郡县制和法治的同时,为清除礼治和仁政等儒家思想对推行法治的制约,建议焚毁除医药、卜筮、种树之书外的其他经书。公元前213年,秦始皇下令焚毁除秦国历史记载以外的一切史书和除医药、卜筮、种树之书外的其他诸子百家经书;公元前214年,因方士和儒生背后议论秦始皇贪权专断、滥用刑罚,秦始皇逮捕儒生460人,全部加以活埋,史称"焚书坑儒"。秦始皇施行严刑峻法和"焚书坑儒",并非完全禁止儒家思想,在秦朝法治之中同样包含了礼制的内容,法治之外同样重视礼制和儒生的作用,如秦朝初始,秦始皇即命李斯制定礼仪,在公元前219年东巡祭祀泰山时,就召集鲁地儒生共商封禅之事,"二十八年（前219年）,始皇东行郡县,上邹峄山。立石,与鲁诸儒生议,刻石颂秦德,议封禅望祭山川之事。乃遂上泰山,立石,封,祠祀"[①]。

---

① （汉）司马迁:《史记》,中华书局2010年版。

17

(二)汉朝的州郡县制、乡教里治与外儒内法的治理模式

秦朝的严刑峻法和繁重徭役很快激起民变,公元前 209 年七月戌卒陈胜、吴广起义,六国旧贵族残余势力和下级官吏以及地方势力纷纷起来反秦,最终在公元前 202 年楚汉之争中刘邦战胜楚国贵族后裔项羽,建立汉朝。汉朝承袭秦朝的郡县制和周朝(或西楚霸王)的分封制,建立了郡国制并逐步演变为州郡县制。在中央层面,汉朝的国家治理机制基本沿袭了秦朝的机构设置,设立三公、九卿,三公分别为丞相、太尉、御史大夫,九卿分别是太常(掌祭祀鬼神)、光禄勋(掌门房)、卫尉(掌卫兵)、太仆(掌车马)、廷尉(掌法律)、大鸿胪(掌礼宾)、宗正(掌皇家族谱)、大司农(掌全国经济)、少府(掌皇室财政)。在基层沿袭并完善了秦朝的乡教里治模式,在治理思想方面采用儒法道并用,建立了影响深远的"外儒内法"治理模式。

1. 汉朝国家治理从郡国制向州郡县制的演变

楚汉联军打败秦朝军队、攻占都城西安之后,项羽自封为西楚霸王,分封天下为汉王(刘邦)、九江王(英布)、雍王(章邯,秦降将)等十八诸侯[①],在国家治理上恢复了西周时期的分封制。楚汉之争后,西汉沿袭了西楚的分封制,封功臣和刘姓子弟为王,同时实施郡县制,创建了融合西周分封制和秦朝郡县制为一体的郡国制。

鉴于周朝诸侯割据乱国的历史教训,刘邦分封异姓王之后仅数年,就相继以谋反罪名将他们消灭,到公元前 195 年(汉高祖十二年),异姓王中除长沙王吴芮因实力弱小被保留外,其他异姓王均被消灭。保留下来的 9 个刘姓同姓王建立的诸侯国,后来也逐渐发展为割据一方的地方势力。为消除地方势力对中央的威胁,汉文帝采纳贾谊"众建诸侯而少其力"的建议,把齐国分成六个小王国,把淮南国分为三个小王国,以削弱其力量。此后汉

---

① 参见(汉)司马迁:《史记》,中华书局 2010 年版。

景帝采纳晁错"削藩"的建议,削减了几个诸侯王的封区。削藩导致了以吴王刘濞为首的七国之乱,汉景帝三年(公元前154年)七国之乱平定后,景帝下令取消了诸侯王的治民权,又减缩诸侯王的统治机构,降低王国官职的等级,使之成为中央直接管理、与郡同为一级的行政区划,西汉时期的国家治理体制基本从郡国制回归为郡县制。

到汉武帝时期,为进一步削弱诸侯王的实力,汉武帝采纳主父偃的建议①实行推恩令,废除诸侯王的土地由长子继承的制度,使诸侯王的子孙依次分享封土,到地尽为止,诸侯王的实力逐步弱化。元封(汉武帝的第六个年号,始于公元前110年)五年,汉武帝在郡之上设立了十三行部,每部下辖若干郡(国)。汉武帝时期的行部仅作为监察机构,到东汉末年(中平五年)十三行部演变为正式的行政机构十三个州,朝廷选重臣出任州牧(刺史),汉朝的地方行政管理体制从郡(国)县制的二级管理转变为州、郡、县三级管理体制。

2. 汉朝的法治与《汉律》

严刑酷法是秦朝短时间灭亡的重要原因之一。汉朝吸取秦朝的教训,在刘邦攻占秦都咸阳城后,马上派萧何接管了秦朝的法律令文书档案,同时宣布废除秦的苛刑酷法并约法三章,"与父老约,法三章耳;杀人者死,伤人及盗抵罪"②,赢得咸阳百姓拥护。汉朝建立后,原来简单的法律不能适应治国需要,刘邦命萧何参考《秦律》和李悝的《法经》,制定了包括《法经》六篇和户律(管理户籍、赋税和婚姻家庭)、兴律(管理徭役征发、城防守卫等)、厩律(规定牛马畜牧和驿传)共九章的法律,史称《九章律》。此后到汉惠帝刘盈时,采纳叔孙通制定的仪法《傍章》十八篇。这种简约的法律一直

① 据《史记·平津侯主父列传》,主父偃对汉武帝说:"古者诸侯不过百里,强弱之形易制。今诸侯或连城数十,地方千里,缓则骄奢易为淫乱,急则阻其强而合从以逆京师。今以法割削之,则逆节萌起,前日晁错是也。今诸侯子弟或十数,而适嗣代立,余虽骨肉,无尺寸之地封,则仁孝之道不宣。愿陛下令诸侯推恩分子弟,以地侯之。"

② (汉)司马迁:《史记》,中华书局2010年版。

沿用到汉武帝时期,才趋于繁杂。汉武帝对包括法律在内的各种典章制度都做了较大变革,令张汤制定《越宫律》(二十七篇)、赵禹制作《朝律》(七篇),还有《令甲》三百余篇。到东汉末年,汉律已扩张到906卷。汉律由简至繁,刑罚也从宽容转为严酷,据说汉武帝时律令有三百五十九章,属于死罪者四百多条。

3. 汉朝的基层乡教里治模式

汉武时期中央之下设郡(国)、县,汉武之后设州(行部)、郡、县三级机构。在县以下,汉朝承袭秦朝乡里制度,设置乡、亭、里和什伍治理组织,并对乡长、亭长、里魁的职责作出了明确界定。"大率十里一亭,亭有长。十亭一乡,乡有三老、有秩、啬夫、游徼。三老掌教化。啬夫职听讼,收赋税。游徼循禁贼盗。"①三老、孝弟、力田、啬夫、游徼均是乡官,由本地居民推举。三老是德高望重的年长人士,掌教化,不仅下教民众,有时对朝廷也产生影响,是乡治的最高领袖,这一设置具有很强的道德教化与自治色彩。② 力田负责农业生产活动,啬夫、游徼、亭长负责收取赋税和治安。乡亭以下设有里,十里为亭,百家(十什)为里,"里自卅户以上置典、老各一人"(岳麓书院藏秦简《尉卒律》),里以下百姓按照什伍原则进行编排,"里有里魁,民有什伍,善恶以告。本注曰:里魁掌一里百家。什主十家,伍主五家,以相检察。民有善事恶事,以告监官"③。即汉朝在基层治理方面,汉朝基本沿袭了秦朝的乡教里治模式,乡老负责教化,亭长、里魁负责治安赋税等具体治理事务,什伍组织则沿袭了源自商鞅的相互检察、连坐制度。

4. 汉朝"德主刑辅""外儒内法"的治理思想

徭役繁重是秦朝灭亡的第二大原因,汉朝建立之初,刘邦采纳了陆贾

---

① 汉朝应劭在《风俗通》中也提及"国家制度,大率十里一乡"(《汉书·百官公卿表》)。
② 参见杨开道:《中国乡约制度》,商务印书馆2015年版,第9—10页。
③ (南朝·宋)范晔、(晋)司马彪:《后汉书》,岳麓书社1994年版。

"行仁义、法先圣,礼法结合、无为而治"①的施政建议,实施文武并用、德刑相辅、轻徭薄赋、休养生息的治理政策。这一政策经过汉惠帝时期的"萧规曹随",一直延续到文景之治时期。儒家、法家、道家思想融合并用,是西汉初期国家治理思想的重要特征。

经过汉高祖到汉景帝(公元前202—前140年)62年的休养生息和教化发展,西汉呈现出海内富庶、国力强盛的良好局面。公元前140年汉武帝即位后,为进一步加强中央集权统治,适应西汉政治、思想和社会转轨变型需要,采纳董仲舒、公孙弘等的意见,"罢黜百家,独尊儒术",确立了儒家思想在国家治理中的正统与主导地位。汉武帝罢黜的百家,主要是道家的黄老之术、阴阳术、墨家游侠等。汉武时期的儒家思想继承了先秦时期孟子、荀子的传统思想(纯儒),也融合了道家、法家、墨家等学派的思想,发展为更为实用的治理思想,汉武帝独尊儒术的重要原因即是推崇儒家的"大一统"思想、仁治思想和君臣伦理的宗法制度。汉武帝在确立儒家思想为正统思想的同时,也高度重视法治,如任用张汤、赵禹制定《越宫律》和《朝律》以加强法制,使汉武时期的法治趋于严酷,张汤也因用刑严酷而被列为酷吏。②汉朝治理采用儒法并用,致使儒家与法家多次争锋,两家势力时有起伏而无废绝,如《盐铁论》所记载,汉武时期儒法两家对盐铁官营或民营的激烈争议,最终以法家主张的官营胜出③,但汉武时期也正是儒家思想鼎盛时期。汉朝的儒法兼用和儒家思想位列正统与主导地位,逐步形成了"德主刑辅""外儒内法"的治理模式,即先用德礼教化,教化无效再施之以刑罚。这一治理思想对隋唐以后历朝社会治理影响至深,成为我国传统社会治理思想的基石。

---

① (汉)司马迁:《史记》,中华书局2010年版。
② 参见(汉)司马迁:《史记》,中华书局2010年版。
③ 参见萧公权:《中国政治思想史》,商务印书馆2018年版,第273—280页。

四、隋唐的三省六部制度、乡辅里主模式与 儒释道治理思想的交融发展

历经东汉末期三国混战、三国归晋、南北朝分裂360余年的动荡不安，公元581年隋朝建立，天下再度恢复"大一统"格局。跟秦朝类似，大乱之后一统天下的隋朝仅传承三代即由唐朝替代。但与秦汉一样，隋唐也创造了中国历史新的辉煌。隋唐建立的道府县三级管理体制、三省六部制度被后世多个王朝沿袭，其构建的"刑网简要，疏而不失"法治体系为后世历代法治奠定了基础。隋唐也是中国文化发展的鼎盛时期，儒释道的交融发展对中国传统文化与治理思想产生了重要影响。

（一）隋唐的道府县制与三省六部制度

581年，北周静帝禅让皇位于杨坚，隋朝建立，并于589年南下灭掉陈国，统一中国。鉴于魏晋南北朝时期世族政治的弱点（世族以维护本族利益为宗旨，并非全心支持皇室），隋朝建立之初废除了南北朝时期的世族分权体制，恢复了东汉时期的州郡县制。隋炀帝继位后，改为郡县制。在中央层面，隋朝创立了三省六部制，三省为中书省、门下省、尚书省，六部为尚书省下属的吏部、户部、礼部、兵部、刑部、工部，六部制一直沿用到清朝末年。

隋炀帝继位后，大兴土木且多次征战，徭役繁重、劳民耗财，引发民变和贵族反叛。618年，隋朝灭亡，被李渊建立的唐朝取代。唐朝在行政区划方面开创了道州（府）县制，唐太宗将天下划分为十道（唐玄宗开元年间改为十五道），道下设州、府，州府之下设县，实行三级管理体制。唐朝的道州县制与汉朝的州郡县制在形式上类似，但本质上有很大差别，主要是唐朝的道州县治彻底废除了分封制。唐朝保留了王、公、侯、伯、子、男等九等爵位，以分封皇子、有功之臣，但分封爵位只领取俸禄，没有实际封

地,分封制由此名存实亡。

在中央层面,唐朝沿用并完善了隋朝的三省六部制,三省之上设宰相以统管三省,宰相之上设三师(太师、太傅、太保)、三公(太尉、司徒、司空),三师、三公均为荣誉职位,不掌实权。六部各设四司共二十四司,如吏部设吏部司、司封司、司勋司、考功司,户部设户部司、度支司、金部司、仓部司,礼部设礼部司、祠部司、膳部司、主客司,兵部设兵部司、职方司、驾部司、库部司,刑部设刑部司、都官司、比部司、司门司,工部设工部司、屯田司、虞部司、水部司。在六部之外,还设有负责监察的御史台、负责教育的国子监、负责建筑的将作监、负责百工技巧的少府监、负责兵器制作的军器监和负责船务水运的都水监等五监,以及大理寺、鸿胪寺等九寺。三省、六部二十四司、御史台、五监和九寺,共同构成了唐朝分工明确、组织严密的中央治理体系。

(二)隋唐乡辅里主的基层治理模式

隋唐在县以下的治理组织与秦汉类似,但在组织机构和职能定位方面有较大调整,由秦汉时期的乡教里治模式转变为乡辅里主模式。隋唐在基层实行百户为里、五里为乡的乡里制度,设乡正和里正,里正掌管乡村政治经济一切事物。《通典·食货·乡党》记载:"诸户以百户为里,五里为乡,四家为邻,五家为保。每里置正一人,掌按比户口,课植农桑,检察非违,催驱赋役。在邑居者为坊,别置正一人,掌坊门管钥,督察奸非,并免其课役。……诸里正,县司选勋官①六品以下白丁清平强干者充"。乡正原本负责诉讼争议,因"乡官判事,为其里闾,剖断不平"②,其听讼的职责被废除,加之乡的数量大幅增长,乡长、里正均为官吏,国家财政难以承受,乡的功能弱化,里正集多种职责于一身,成为乡里治理的实际主导者。

---

① 勋官是中国古代授给有功人员的官号,有品级而无职掌。
② (宋)司马光:《资治通鉴》,中华书局2013年版。

里正之外,隋唐在市镇与乡村还分别有坊正(城里)与村正,负责督察奸非,"里及坊村皆有正,以司督察"①,"在田野者为村,村别置村正一人,其村满百家增置一人,掌同坊正"②。乡里之下,隋唐改秦汉什伍编制为邻保编制,"四家为邻,五家为保。保有长,以相禁约"③,即在唐朝依然保留了商鞅变法的邻里之间连坐制度。

在乡村事业方面,隋朝出现了应对灾荒的社仓④,其扶贫救弱的理念可追溯到儒家的仁政思想。不同于汉朝以来就已经出现的平抑粮价的常平仓,社仓主要设置在县里,体现了典型的共济互助设计。⑤

(三)"刑网简要,疏而不失"的隋唐法治

隋文帝即位后,即命宰相高颎制定法律,于开皇三年(583)完成了《开皇律》。《开皇律》分十二卷,500条,刑罚分为死刑、流刑、徒刑、杖刑、笞刑五种二十等,废除了鞭刑、枭首、裂刑等酷刑。与汉朝相比,隋朝《开皇律》律文简化,博取南北法律优点,史称"刑网简要,疏而不失",是唐代及其以后各代法典的基础。

唐太宗从隋末民变中认识到群众的力量,吸取隋灭教训,进一步完善了律法,根据《开皇律》制定了《唐律》。唐律在形式上与隋律一样,分十二篇,共五百零二条,刑为笞刑、杖刑、徒刑、流刑、死刑五种,但唐律坚持"明德慎罚"原则,量刑颇宽:一是要求律法不能轻易改变。"法令不可数变,数变则

---

① (五代·后晋)刘昫等:《旧唐书》,中华书局1975年版。
② (唐)杜佑:《通典》,上海人民出版社2008年版。
③ (唐)张九龄著,袁文兴、潘寅生主编:《唐六典全译》,甘肃人民出版社1997年版。
④ 《隋书·食货志》记载:"十六年正月,又诏秦叠……银扶等州社仓,并于当县安置。二月,又诏社仓,准上中下三等税,上户不过一石,中户不过七斗,下户不过四斗。"[(唐)魏征:《隋书》,中华书局1997年版]
⑤ 《全唐文·置社仓诏》:"宜置常平监官,以均天下之货。市肆腾踊,则减价而出;田穑丰羡,则增籴而收。触类长之,去其泰甚,庶使公私俱济,家给人足,抑止兼并,宣通壅滞。"[(清)董诰等编:《全唐文》,中华书局1983年版]

烦,官长不能尽记;又前后差违,吏得以为奸。自今变法,皆宜详慎而行之"。二是大量废止死刑种类。房玄龄等受诏定律令时,将"谋反连坐皆死"改为"止应配流","今定律,祖孙与兄弟缘坐者俱配役",死刑种类比以前朝代减去大半,"自是比古死刑,除其太半,天下称赖焉"。三是重刑轻判。唐律比隋律更为简约,量刑也比隋律更轻,"玄龄等定律五百条,立刑名二十等,比隋律减大辟九十二条,减流入徒者七十一条,凡削烦去蠹,变重为轻者,不可胜纪"。四是鼓励法官量刑从宽。唐律规定"失入减三等,失出减五等",法官过失判刑过重(失入)罪减三等,过失判刑过轻罪减五等,以鼓励法官在"明德慎罚"原则下量刑从宽、公平断狱。[1]

(四)隋唐儒释道治理思想的融合发展

儒家思想在汉武帝时期被确立为国家治理中的正统与主导地位,在魏晋南北朝的动乱时期受到道家压制,隋唐重新建立"大一统"政府后,儒家与道家思想相融合并再度复兴。譬如对隋唐政治有很大影响、被视为唐朝儒学复兴先导的学者王通[2],主张无为而治,同时主张以仁义礼乐为主要治术,以爱民厚生为根本目的,其思想体现了通过无为实现民本的儒体道用思路。唐太宗继位之后,即采用儒学作为国家治理的主导思想。据《资治通鉴》记载,贞观二年唐太宗问王珪:"近世为国者益不及前古,何也?"王珪回答说:"汉世尚儒术,宰相多用经术士,故风俗淳厚;近世重文轻儒,参以法律,此治化之所以益衰也。"唐太宗赞同。唐太宗立孔庙为国学,尊孔子为圣人[3],于贞观十四年命孔颖达率诸儒撰写《五经正义》,统一儒学经典思

---

① (宋)司马光:《资治通鉴》,中华书局 2013 年版。

② 王通(503—574 年),字公达,南朝大臣。据萧公权考证,唐初名臣或出自其门下,是唐朝儒学复兴的先导。(参见萧公权:《中国政治思想史》,第 394—398 页)

③ 据《资治通鉴·唐纪十卷一百九十四》记载:"武德旧制,释奠于太学,以周公为先圣,孔子配飨;玄龄等建议停祭周公,以孔子为先圣,颜回配飨。"[(宋)司马光:《资治通鉴》,中华书局 2013 年版]

想,并作为科举考试的指定教科书,"上以师说多门,章句繁杂,命孔颖达与诸儒撰定《五经》疏,谓之《正义》,令学者习之"①。儒家思想由此再度兴起并确立了其在唐朝国家治理思想的正统与主导地位。

唐朝是中国文化繁荣昌盛的时期,立国290年(618—907年)屡创经济社会兴盛,包括唐太宗开创"贞观之治"、唐高宗的"永徽之治"、唐玄宗的"开元盛世"等,其间仅发生过"安史之乱"一次重大战乱。稳定繁荣的社会环境孕育了丰富多彩的中华文化,道教和佛教均得到较快发展。特别是佛教,在隋唐时期吸纳了中国儒法道墨传统思想的内容进行中国化改造之后,对民众信仰和社会治理、儒家思想的正统与主导地位均产生了很大冲击。

在道教和佛教挤压儒家主导地位的同时,三者之间也存在大量的融合发展,主要体现为儒家融合道家与佛教的相关思想。自汉朝开始,儒家就吸纳道家哲学丰富自己的思想体系,主要表现在道家的无为而治和儒家的仁政、轻徭薄赋主张异曲同工,在大乱之后需要大治,如唐朝初期和"安史之乱"后需要休养生息,作为正统治理思想的儒家即吸纳道家思想,主张施行轻徭薄赋的仁政。儒家吸纳佛教思想的典型案例,是唐朝中后期儒家思想复兴的两大代表人物韩愈和柳宗元的政治思想。作为唐朝中后期儒家思想复兴的倡导者,韩愈反对佛教,其著作以兴明教、弘仁义为志向,强调君长的教养作用,但其政治思想,如"古之欲明明德于天下者,先治其国;欲治其国者,先齐其家;欲齐其家者,先修其身;欲修其身者,先正其心;欲正其心者,先诚其意""是故生则得其情,死则尽其常"②,既继承了儒家的传统思想,也包含了道家和佛教的思想。柳宗元一生好佛,自称"吾自幼好佛,求其道,积三十年"。但其治学和思想均属儒家,是唐朝中后期复兴儒家的代表

---

① (宋)司马光:《资治通鉴》,中华书局2013年版。
② (唐)柳宗元:《柳河东集》,上海人民出版社1974年版。

人物,强调治理以养民为务,"赋敛之毒有甚于蛇者"①,主张去苛政厚敛。

五、宋朝国家治理的分权制衡制度、
保甲制度与理学兴起

唐朝之后,历经五代十国(907—979)的长期战乱,公元 960 年后周诸将发生陈桥兵变,拥立赵匡胤为帝,建立宋朝。宋朝国家治理沿袭了唐朝的治理制度,但进行了多方面变革,其重要特点可以概括为崇文抑武、分权制衡、保甲制度和理学兴起四个方面。崇文抑武和分权制衡使宋朝成为东周以后内乱最少、外患频发的朝代。宋朝国家富裕、文化昌盛、科技发达,但最终被外患所灭,其中缘由值得深思与汲取。

(一)宋朝的崇文抑武与分权制衡机制

鉴于唐代灭亡和五代十国战乱的历史教训,宋太祖于建国之初即以"杯酒释兵权"解除了禁兵统帅石守信等人的兵权,力避"方镇太重,君弱臣强"态势的重演。建隆二年,宰相赵普多次进谏赵匡胤,授予战将石守信等非军职,以免其部下作孽怂恿其发生类似陈桥兵变的事情,"时石守信、王审琦皆帝故人,各典禁卫。普数言于帝,请授以它职……熟观数人者,皆非统御才,恐不能制伏其下,万一军伍作孽,彼亦不得自由耳"。赵匡胤采纳赵普建议,在宴请石守信等诸将时说,"人生如白驹过隙,所为好富贵者,不过欲多积金钱,厚自娱乐,使子孙无贫乏耳。卿等何不释去兵权,出守大藩,择便好田宅市之,为子孙立永远之业,多致歌儿舞女,日饮酒相欢,以终其天年!朕且与卿等约为婚姻,君臣之间,两无猜疑,上下

---

① (唐)柳宗元:《柳河东集》,上海人民出版社 1974 年版。

相安,不亦善乎!"①次日诸将皆请辞,改授各地节度使,史称赵匡胤"杯酒释兵权"。

宋朝高度重视文治、重用文臣,崇文与抑武的基本国策,使宋代成为一个以成熟的文官制度为基础、君主专制和中央集权空前强化的王朝。在实行文官制度的同时,宋朝通过分设更多的官职,分散大臣的权力,使文臣间互相牵制,防止专权,建立了文臣之间的权利制衡机制。宋朝的行政区划沿用唐朝的道府县制,实行路州县制,路为直属中央的监察区,州县为实际治理机构,州县官员均由中央任命。宋朝也沿用了唐朝的爵位封赏制度,皇子封王可以领取俸禄,但没有封地。在中央层次,宋朝沿用了唐朝的三省六部制,但对文臣权力和军事管理权进行了分散与相互牵制的改革:宰相(平章事)不再由三省长官出任,仅负责行政事务;增设参政知事为副相,进一步分化宰相权力;设立枢密院执掌全国军务,中书门下负责政务;设立盐铁、户部、度支三司,分管财政大权。由此形成三司、宰执(宰相)、枢密使三权相互制衡的机制。在军事管理上,禁军分别由殿前都指挥使、步军都指挥使和马军都指挥使(三帅)统领,三帅无发兵之权;枢密院执掌军务,有发兵权但无统兵权,由此实现了统兵权与发兵权的分离。

崇文抑武和分权制衡机制的建立,使宋朝社会相对稳定,没有出现严重的宦官专权和军阀割据,商品经济、文化教育、科学创新高度繁荣。但崇文抑武的政策也导致州县地方武力薄弱,以致外患不断,经辽、金、元的不断侵略而最终灭亡。

(二)王安石变法与保甲制度

北宋初期,宋朝在县以下沿用乡里治理模式,但历经五代十国的长期战

---

① 《续资治通鉴》卷二,《四库全书》本。

乱,人口规模的减少致使宋朝初期乡和里的数量大幅减少,唐朝时期五里一乡的建制,到宋朝初期变为一乡一里、乡里合一的格局,很多乡已名存实亡,开宝七年"废乡分为管","管"相当于以前的"里",在"管"设立耆长、户长与壮丁,耆长"管干斗打、盗贼、烟火、桥道"等公事①,户长"主纳赋",壮丁负责"解送公事"等。

1069年,王安石变法,建立了保甲制度。王安石在1069—1073年期间先后推出了均输法、青苗法、募役法(免役法)、保甲法、方田均税法、市易法、免行法等变法,保甲法于1070年推出并实施,熙宁三年司农寺制定了《畿县保甲条例颁行》,具体措施是乡村住户,每十户为一保,五保为一大保,十大保为一都保。凡家有两丁以上的,出一人为保丁,保长由住户中最有财力和能力的人担任,保丁农闲时集合军训,夜间轮差巡查、维持治安;保户之间互相检察,一家犯法,相保连坐。

王安石变法最终因以司马光为首的保守派反对和缺乏民众支持而失败,重要原因是变法侵犯了地主阶级的利益,许多变法措施在实际执行过程中敛赋色彩浓重,增加了农民负担,有违"去重敛、宽农民、国用可足、民财不匮"的变法初衷。如青苗法,在春夏耕作时借贷给农户,本是鼓励农业生产的好事,但夏秋农收后收取20%的利息(半年的利息),反而加重了农民负担。免役法改徭役为州县出资雇人的募役,费用支出由住户按户分摊,实际上增加了底层贫困农户的负担。王安石变法失败后,变法举措被短期废止,但在元丰八年(1085)以后又陆续推进。保甲法在变法失败后被部分废止,如宋哲宗继位初期反变法派废止了保甲制的团练②,但在乡村的保甲编制和基本制度得以保留,到南宋时期,都保从北宋时期与乡无隶属关系的单位变为乡以下的一个行政单位。

---

① 建隆年间诏书规定:"乡村内争斗不至死伤及遗漏火烛,无执法去处,并仰耆长在村检校定夺。"

② 《续资治通鉴长编》卷三七三,《四库全书》本。

除保甲制外,宋朝县以下基层治理的重大创新是建立了持久的自治组织制度,主要体现在三个方面。一是建立乡约。士绅和宗族势力参与治理,族长负责订立乡约乡规来保持社会的秩序。如1076年北宋吕大钧在汲郡蓝田推行的"吕氏乡约",宗旨是使邻里乡人能"德业相劝,过失相规,礼俗相交,患难相恤",设约正一二人,负责感化约众,主持礼仪赏罚,负责组织月会和聚餐,推举与记录善行恶行等,是我国最早的成文乡约。① 二是设立义学,以资助教育,加强教化。北宋程颢任泽州晋城令时,曾在各乡建有义学,并亲自为学校配备老师,为书本订正断句,"诸乡皆有校,暇时亲至,召父老与之语。儿童所读书,亲为正句读。较者不善,则为易置。择子弟之秀者聚而教之"②。三是设立义仓、社仓。义仓是地方绅士自发设立以救贫恤孤为目的的慈善机构,北宋范仲淹购置义田义庄以养族人,成为家族互助互济应对风险的典范③。社仓经朱熹倡导之后在南宋成为国家制度,通过常年借贷和赈粜,建立互助机制,实现"米价不至腾涌,富家无所牟利,故无闭籴之家;小民不至乏食,故无劫禾之患"④。

(三)理学兴起与儒学复兴

宋朝儒学再度恢复其在国家治理思想中的独尊地位。宋朝儒家思想分理学与功利两大派。两大派别因政见主张不同,在变法等重大治理举措上相互争斗,但两派各有所长,对宋朝儒学复兴和国家治理均有重大贡献。

以张载、程颐、程颢、朱熹、陆九渊等为代表儒家学者,融合道家、佛教的哲学理论,从论证天地万物之理的角度,阐述封建纲常名教的合理性和永恒性,创立儒家理学。理学强调以正心诚意为治理的基础,以仁道为政治根

① 牛铭实:《从封建、郡县到自治:中国地方制度的演变》,《开放时代》2004年第6期。
② (宋)朱熹、吕祖谦编:《近思录》,中州古籍出版社2008年版。
③ 参见《宋史·范仲淹传》,《二十四史》第十册,线装书局2017年版。
④ (宋)黄榦:《勉斋集》,《四库全书》本。

本,以立教为政治的重要形式,以养生为君长不可推卸的责任,因而张载、二程(程颐、程颢)等多主张恢复井田封建之政治。① 在乡村事务方面,二程认为,修家谱、设宗庙、立宗法、开族会,是通亲情、聚人心、淳民风乃至平天下的基础,"管摄天下人心,收宗族,厚风俗,使人不忘本,须是明谱系,收世族,立宗子法"②。也正是基于这些治理思想,朱熹大力提倡乡约、保甲、社仓、社学,宋朝乡村治理体系更加完善。

宋朝儒学的功利派以欧阳修、李觏、王安石、吕祖谦等为代表,致力于探究富强务实的功利思想。李觏一改儒家贵义贱利、羞称霸业的传统,援引孔子"足食足兵,民信之矣"的论述,提出治国以财用为根本、霸政可取。王安石也认为理财是富国养民的根本,新法所推青苗法、均输法、市易法、农田水利法等变法,均致力于抑制豪强、减轻农民负担、增加财政收入、发展生产,实现"不加税而国用足"③。作为功利派重要代表人物,王安石变法虽然中途遇挫,但对改变北宋积贫积弱局面和富国强兵都起到了显著作用。

六、元明清时代的治理模式与治理思想

南宋之后的元明清三个朝代,在国家治理方面基本沿用了唐宋时期的三省六部制度和省府(州)县三级行政管理体制,基层治理沿用了宋朝的保甲制,儒家理学在元明两朝发展为以王阳明为代表的心学并进入鼎盛时期,但在清朝理学趋于式微,带有功利派色彩的传统儒学逐步成为治理思想的主导。

---

① 参见萧公权:《中国政治思想史》上册,商务印书馆 2018 年版,第 491—497 页。
② (宋)朱熹、吕祖谦编:《近思录》,中州古籍出版社 2008 年版。
③ 萧公权:《中国政治思想史》上册,商务印书馆 2018 年版。

（一）元朝的治理机制与治理思想

1271 年忽必烈灭掉南宋建立元朝。在南宋时期，蒙古灭掉辽、金，统治北方地区后，就施行汉法，蒙古灭掉南宋统一全国后，任用了大批儒臣，如姚枢（1203—1280 年，官至翰林学士承旨）、刘秉忠（1216—1274 年，曾任光禄大夫、太保等职）、许衡（1209—1281 年，官至集贤大学士兼国子祭酒）等儒家学者，以程朱理学为主的儒家思想在元朝国家治理中占据主导地位。

元朝在中央和行省的治理模式沿用了唐宋时期的三省六部制，但为了加权中央集权，三省仅保留了中书省总揽全国政务，枢密院统管军务，御史台负责监察。元朝开创了中国行政机构设置的行省制度，将全国分为十个行中书省，作为地方的一级行政机构。行省下设有道、路、府、州、县、基层行政机构。在法治方面，元朝一直未形成自己的完整法律体系，诉讼判案主要依据金朝的泰和律和已断案例，随意性很强。

在县以下的基层治理方面，元朝沿袭了宋朝的保甲制，但保长以上的首长均由蒙古人担任，而出任地方行政首长的蒙古人多为世袭，其辖区即为其封建采邑，在统治方式上沿袭其根深蒂固的草原文化模式，视辖区汉人为农奴，对田地及其农户像奴隶一样随意封赏给皇亲国戚。元朝残酷的基层统治方式，不仅冲击了宋朝形成的保甲制度，也是各地起义层出不穷的重要原因。

（二）明朝的内阁制、里（保）甲制度与治理思想

元朝末年，蒙古贵族的残暴统治引发大规模起义，历经 17 年的战乱，朱元璋于 1368 年消灭元朝和各路起义军，统一全国建立明朝。明朝在元朝治理机制基础上，建立了省府（州）县三级行政管理机制和以六部制度为基础的内阁制，在法治方面制定了影响广泛的《大明律》，设立厂卫制度，在基层治理建立了里甲、保甲制，形成了比较完备的国家治理体系。在治理思想方

面,儒家心学兴起,成为占主导地位的治理思想。

1. 明朝的内阁制与三级行政管理机制

明朝的中央治理机构实行内阁六部制,这一制度与唐朝的三省六部制最大的差别是由内阁替代了三省。明朝立国初期,保留了三省中的中书省,中书省长官出任丞相,1380年在丞相胡惟庸因擅权枉法罪名被杀后,朱元璋罢废中书省和丞相,设立内阁,并逐步发展为权力在六部之上的中央决策机构。在中书省(内阁)之下设立吏、户、礼、刑、兵六部,负责全国军政事务;六部之下设有大理寺(负责刑狱案件审理)、太常寺(负责祭祀礼乐)、光禄寺(负责寿宴进贡)、太仆寺(负责管理马匹)和鸿胪寺(负责朝会、宾客等)。设立都察院负责监察百官、巡视郡县、纠正刑狱、肃整朝仪等事务,锦衣卫负责军政情报搜集,东厂和西厂是只对皇帝负责的特权监察机构、特务机关和秘密警察机关,六科负责侍从、规谏、补阙、拾遗、稽察六部百司之事。除内阁六部和监察机构外,明朝也保留了三公(太师、太傅、太保),但均为虚衔。

在中央之下,明朝实施省府(州)县三级管理体制。明朝在省级层次设立了都指挥使司、承宣布政使司、提刑按察使司三司分权的管理制度,三司分别负责各省军务、政务和刑事。由于在实际管理中颇为不便,后来三司分治的格局逐步被巡抚制度代替。

2. 明朝的里甲与保甲制

在县以下的基层治理中,明代在前期针对税赋和劳役事务建立了里甲制度。为解决征税难的问题,清除豪门大户逃避田租的积弊,也防止贪官污吏的侵蚀,朱元璋下诏编赋役黄册和鱼鳞册,登记户口与田亩,"以一百十户为一里,推丁粮多者十户为长,余百户为十甲,甲凡十人……在城曰坊,近城曰厢,乡都曰里"①,里长、甲首负责税收。随着人口迁移与土地占有关系的变动,出现了"一里之地满县纷飞,满县之田皆无定处……一里催科,四

---

① 《明史》卷七十七,《四库全书》本。

境寻人,多里老之奔驰,成输纳之逮负"的现象①,以户籍编排为核心的里甲制开始失效。到张居正推行将田赋、徭役以及其他杂征合并征收的"一条鞭法",按亩折算缴纳,里甲作用进一步下降。

明朝中期,王阳明在南赣推行保甲法,期望通过建立共同责任制,达到侦查犯罪、维持社会治安的目的,同时也发挥保甲组织的教化劝导作用,寓教化于保甲。到明末,保甲与乡约开始互为表里、相互融合,出现了乡甲约,如吕坤在山西制定的乡甲约规定,"十家内选九家所推者一个为甲长,每一家又以前后左右所居者为四邻,一人有过,四邻劝化不从,则告于甲长,书之纪恶簿……如恶有显迹,四邻知而不报者,甲长举之,罪坐四邻。四邻举之,而甲长不报者,罪坐甲长"②。

3. 明朝的法治

朱元璋高度重视法律在国家治理中的基础作用,"礼法,国之纲纪;礼法立则人志定、上下安,建国之初,此为先务""纪纲法度,为治之本"③。1367年,朱元璋命左丞相李善长、御史中丞刘基议定律令,依据《唐律》编成《律令》,洪武六年(1374)又命刑部尚书刘惟谦等依据《律令》制定《大明律》,于洪武七年颁行天下。《大明律》是对明朝以前历代律令的历史总结,包括《卫禁》《斗讼》《诈伪》《杂律》《捕亡》《断狱》《名例》等十二篇、三十卷、六百零二条。

按照朱元璋的要求,《大明律》力求简当,力避繁杂,"近代法令极繁,其弊滋甚。今之法令,正欲得中,毋袭其弊"④,"立法贵在简当,使言直理明,人人易晓。若条绪繁多,或一事而两端,可轻可重,使奸贪之吏得以夤缘为奸,则所以禁残暴者反以贼良善,非良法也。务求适中,以去烦弊。夫纲密

---

① (明)吕坤:《实政录》卷四,《四库全书》本。
② 《吕坤全集》,中华书局2008年版。
③ 《明太祖宝训》卷五,《四库全书》本。
④ 《明太祖宝训》卷三,《四库全书》本。

则水无大鱼,法密则国无全民。卿等宜尽心参究,凡刑名条目逐日来上,吾与卿等面议斟酌之,庶可以为久远之法"①。

《大明律》的另一特点是量刑从宽,在《唐律》废止大量死刑的基础上,按照朱元璋的指示,废止了自商鞅变法后历朝施行的连坐法,"法有连坐之条,谓侵损伤人者。吾以为鞠狱当平恕,非大逆不道,则罪止及其身。先王之政,罪不及孥,罚弗及嗣,忠厚之至也。自今民有犯法者,毋连坐"②。

4. 明朝的治理思想与儒学发展

明朝以儒家思想作为国家治理的主导思想,但并不排除道家等其他思想在治理中的作用。朱元璋认为,礼治是基础,法治为辅,"有礼乐,不可无刑政。朕观刑政二者,不过辅礼乐为治耳。苟为治徒务刑政而遗礼乐,在上者虽有威严之政,必无和平之风;在下者虽存苟免之心,终无格非之诚"③。明朝尊儒术,但也不排斥其他学说的哲学思想,"孔子之言,诚万世之师也",关于《老子》的"五色令人目盲,五音令人耳聋"之言,朱元璋认为"《老子》此语,岂徒托之空言,于养生治国之道,亦有助也"④。

明朝开明包容的制度环境,孕育了丰富的文化思想和先进的科技,文学、戏曲、诗文、绘画都取得了很高的成就,天文、数理、医学、农学、化工等科技也取得开创性成就。在哲学思想方面,儒家在心学派王阳明及其弟子的推动下达到鼎盛。王阳明提出的"知行合一"认识论、"格物致知"修养论丰富了儒家哲学思想,其后明末清初黄宗羲提出的"天下之治乱不在一姓之兴亡,而在万民之忧乐"⑤,推动了中国民主思想的发展,顾炎武提出的"保天下者,匹夫之贱与有责焉耳矣"被梁启超概括提升为"天下兴亡,匹夫有责",使儒学成为更加经世致用的哲学思想。

---

① 《明太祖宝训》卷五,《四库全书》本。
② 《明太祖宝训》卷五,《四库全书》本。
③ 《明太祖宝训》卷二,《四库全书》本。
④ 《明太祖宝训》卷一,《四库全书》本。
⑤ (清)黄宗羲:《明夷待访录》,中华书局 2011 年版。

(三)清朝的国家治理模式和里甲保甲制

清朝的国家治理基本沿用了明朝的治理模式。在中央层面沿袭明朝的内阁六部制度,早期将南书房、军机处作为负责最高决策的内阁,清末(1911)废除军机处,成立由内阁总理大臣和诸位大臣组成的责任内阁。内阁之下由六部(吏、户、礼、兵、刑、工)作为最高执行机构。六部之外保留了五寺、都察院、国子监、翰林院、钦天监、太医院等机构,另设宗人府、理藩院、内务府等机构负责皇族人员管理、少数民族事务管理和宫廷事务管理。中央之下,清朝对地方管理实行省府县三级管理体制。顺治四年(1647)编制完成的《大清律》基本沿用了《大明律》。

在县以下的基层治理方面,清朝同样沿袭了明朝的乡村治理体系,施行里甲与保甲制,以保甲为主。清朝早期推行的里甲制,规定里甲主要负责人户登记、税收,与明朝的里甲制一样,因社会经济发展带来的土地买卖和人口流动,里甲人口规模变化导致赋役苦乐不均,地主豪强则想方设法隐匿田产和转嫁赋税。① 为克服里甲制的弊端,雍正时期采取了类似明朝张居正"一条鞭法"的改革措施,推行"摊丁入亩",不再以人丁作为征税对象,里甲制被保甲制替代。清朝的保甲制为十家置一甲、百家置一总甲的总甲制,对于隐匿盗窃等案件,邻里九家、甲长、总甲没有报告均须治罪,即清朝的保甲制恢复了在明朝被废止的连坐法。清朝保甲制度的首要职能是对各街坊和村的户、人丁及其行踪进行登记、清查和编审,中心职能是侦查和汇报犯罪行为,实际上承担了人口管理、赋役、治安、救灾等一切地方公务,对乡里的控制更加严密。② 保甲还被引入宗族中,出现了族保系统。③ 因缺乏德高

---

① 参见孙海泉:《论清代从里甲到保甲的演变》,《中国史研究》1994年第2期。

② 参见唐鸣、赵鲲鹏、刘志鹏:《中国古代乡村治理的基本模式及其历史变迁》,《江汉学刊》2011年第3期。

③ 参见常建华:《乡约·保甲·族正与清代乡村治理——以凌(火寿)〈西江视臬纪事〉为中心》,《华中师范大学学报(人文社会科学版)》2016年第1期。

望重人士倡导,各地法规不一且实施情况差异较大,实际效果不如明朝时期。太平天国爆发时,以保甲为基础建立起的团练使得保甲还具有保卫地方的作用。①

清朝也鼓励乡约、社仓、社学的发展,希望借助这些组织,实现依靠当地民众进行自我管理与监督,收集不法人员及其行为信息,利用宗族宣导教条等。在乡约方面,康熙颁布圣训十六条②替代洪武六谕,使之成为乡约宣讲的主要内容。圣训十六条的第二条便是"笃宗族以昭雍睦",表明政府高度重视发挥宗法组织的治理作用。清朝在雍正、乾隆年间曾大力推行社仓,但因劝捐难、借还难、任人难等问题,社仓走向废弛③,由士绅群体自愿捐助和管理、以无偿赈灾为主的义仓开始兴起④。此外,农村地区存在诸多类似的互助组织,比如淮北地区有筹集丧葬费的"老人会",达到孝服、棺材、葬礼等事宜互助的目的。⑤

七、近代与现代我国基层治理体系的现代化进程

1911 年辛亥革命爆发后,清王朝被推翻,于 1912 年建立了亚洲第一个民主共和国中华民国,中国两千年的君主专制统治被终结,开启了中国国家治理体系的民主化和现代化进程。辛亥革命之后,在中央层次吸纳借鉴了

---

① 参见萧公权:《中国乡村——19 世纪的帝国控制》,九州出版社 2018 年版。
② 康熙帝《圣谕》16 条包括:1. 敦孝弟以重人伦;2. 笃宗族以昭雍睦;3. 和乡党以息争讼;4. 重农桑以足衣食;5. 尚节俭以惜财用;6. 隆学校以端士习;7. 黜异端以崇正学;8. 讲法律以儆愚顽;9. 明礼让以厚风俗;10. 务本业以定民志;11. 训子弟以禁非为;12. 息诬告以全善良;13. 诫匿逃以免株连;14. 完钱粮以省催科;15. 联保甲以弭盗贼;16. 解雠忿以重身命。
③ 参见黄鸿山、王卫平:《清代社仓的兴废及其原因——以江南地区为中心的考察》,《学海》2004 年第 1 期。
④ 参见刘宗志:《从清代社仓与义仓之差异看民间社会救济之增长》,《中国农史》2018 年第 2 期。
⑤ 参见[美]裴宜理:《华北的叛乱与革命者 1845—1945》,池子华、刘平译,商务印书馆 2017 年版。

西方民主分权的治理思想,以总统(国家主席)制为基础,实行行政、司法和立法相对独立的分权制度。在中央之下,实行省、市(府)、县三级行政管理体制。在县以下基层治理,因时势不同,治理方式发生了民国时期基层民主化自治改革、新中国成立后政社合一和改革开放后从乡政村治演变为现代化治理模式的三次重大变革。

(一)民国时期的基层民主化自治改革与保甲制的倒行逆施

清王朝被推翻后,根据孙中山的三民主义民权思想及其遗训,国民政府开始推行地方自治。北京北洋政府(1912—1927年)于1919年颁布《县自治法》《市自治法》《乡自治法》。南京国民政府(1927—1948年)于1928年颁布《县组织法》,明确县为国家基层行政机关,下设区、村(里)、闾、邻四级自治组织,对应的决策机关为区民大会、村(里)民大会、闾居民会议、邻居民会议,执行者为区公所、村(里)公所、闾长、邻长。1929年,国民政府修改《县组织法》,并颁布《县自治法》《区自治实行法》《乡镇自治实行法》,将村改为乡、里改为镇。1930年,国民政府颁布《市组织法》,在市下设区、坊、闾、邻自治组织。至此,国民政府在市/县以下确立了"区—乡镇/坊—闾—邻"的自治架构,既让国家权力深入乡村,又扩大了社会参与。

1930年年末,国民党组织鄂豫皖三省军队对中国共产党建立的鄂豫皖根据地进行"围剿",前四次"围剿"均以失败告终。为加强对中共中央苏区的经济军事封锁,从1931年起,国民党开始在江西恢复施行保甲制,以保甲取代《县组织法》所规定的村(乡、镇)、闾、邻组织,编排保甲、制定规约、推行联保连坐,并明确保甲长辅助区长。此后,南京国民政府开始在全国范围推行保甲制,到1936年,全国13个省、北平、南京均已建立保甲制度。[①] 以

---

① 参见肖如平等:《民国时期的保甲与乡村社会治理——以浙江龙泉县为中心的分析》,社会科学文献出版社2017年版。

民主改革为导向的地方自治运动由此夭折。

(二)新中国成立后政社合一的基层治理模式

1949年新中国成立后,面对国内一盘散沙、百废待兴的混乱局面,为提升社会凝聚力、建立起高度统一的社会秩序,中国共产党和中央人民政府借鉴苏联计划经济体制的经验,历经三年社会主义改造(1953—1956年),建立了社会主义计划经济体制,同时建立了以单位制与人民公社为基础、政社合一的基层治理模式,其主要特点是政府全能的社会管理、以单位为基础的从业人员管理、以街区为基础的城市人员管理,以人民公社—生产大队—生产队"三级所有,队为基础"①的三级农村管理体制,和以单位制度、户籍制度、职业身份制度与档案制度为基础的社会流动管理。政社合一的治理模式极大地增强了国家对社会的组织动员能力和控制能力,整个社会的组织运行效率大幅度提升。但由于政府包办一切社会事务,所有社会成员被管理在相对封闭的"单位"之中,社会缺乏自我组织、自我管理、自我调节的机制,整个社会的活力和创造力受到一定制约。②

(三)改革开放后从乡政村治向现代化治理模式的演变

1978年中国共产党第十一届三中全会之后,我国开启了对内改革、对外开放的伟大征程。国内经济体制改革首先从农村实行家庭联产承包责任制开始,农村政社合一治理模式的基础生产队和生产大队被以家庭为生产单位的行政村替代。生产方式的转变必然要求治理方式作出相应改革,农村治理模式由此从政社合一转型为乡政村治模式。乡政村治具有两大特

---

① "三级所有,队为基础"是指生产资料分别归人民公社、生产大队和生产队所有,生产队为基础。

② 参见张来明、李建伟:《十八大以来我国社会治理的理论、制度与实践创新》,《改革》2017年第7期。

点:一是人民公社改编为乡镇,乡镇作为县以下的基层政权组织。二是行政村实行中国共产党村支部委员会和村民自治委员会"两委"负责制,村支部委员会负责宣传党的政策、帮助党的路线方针政策在基层的落实、带领广大基层人民发家致富奔小康。村委会是村民民主选举的自治组织,带领广大村民发家致富。1982年颁布的《中华人民共和国宪法》确立了村委会作为基层群众自治组织的法律地位。1983年全国推行政社分开,逐渐建立乡(镇)级政府。1987年《中华人民共和国村民委员会组织法(试行)》通过,村民自治制度以法制形式得以确立,乡政村治的农村治理模式基本建立。

随着经济体制改革的不断深化,我国城乡经济社会结构发生了巨大变化,因应改革开放之后的经济社会发展需要,我国治理模式逐步从改革开放之前的政社合一演变为与社会主义市场经济相适应的社会管理模式和社会治理模式。2006年10月,党的十六届六中全会在《中共中央关于构建社会主义和谐社会若干重大问题的决定》中提出要"创新社会管理体制,整合社会管理资源,提高社会管理水平,健全党委领导、政府负责、社会协同、公众参与的社会管理格局"。2012年党的十八大将社会管理模式概括为"党委领导、政府负责、社会协同、公众参与、法治保障",目标是"保障改善民生、扩大公共服务、完善社会管理、促进社会公平正义"。2013年党的十八届三中全会明确提出全面深化改革的总目标是完善和发展中国特色社会主义制度,推进国家治理体系和治理能力现代化,将"创新社会治理体制"作为推进"国家治理体系和治理能力现代化"的重要组成。2017年党的十九大提出,"打造共建共治共享的社会治理格局。加强社会治理制度建设,完善党委领导、政府负责、社会协同、公众参与、法治保障的社会治理体制,提高社会治理社会化、法治化、智能化、专业化水平",在乡村治理中要建立法治、德治、自治相结合的乡村治理体系。我国社会治理,特别是城乡基层治理进入了以"坚持以人民为中心的发展思想"为指导、以"自治、法治、德治"相结合、以"社会化、法治化、智能化、专业化"为导向的现代化治理新时期。

八、结论与启示

孟子曾言"五百年必有王者兴,其间必有名世者"(《孟子·公孙丑下》)。纵观周朝以来中国三千多年的治理历史,不同朝代的兴盛与衰亡,均与社会治理密切相关。汉、唐、宋、明、清开国之初,能够在大乱之后实现大治,共同之处是实施了与民休养生息的治理政策,各朝代的中兴也多是从轻徭薄赋、与民休养生息着手。在不同朝代的更替演进过程中,儒家的德治思想与法家的法治思想在治理实践中不断完善与发展,成为国家治理思想的基石,外儒内法、德主刑辅是三千年以来中国治理形成的宝贵经验。基层治理是国家治理的基础,通过乡里、保甲制度对基层治理进行管控,是君主专制贯彻落实统治意志的途径,但保甲制度和乡约也具有一定的自治性质,体现了相保相爱、互助共济的中华传统美德。当今世界正处于百年未有之大变局的关键时期,我国正处于"两个一百年"奋斗目标的历史交汇期,实现十九大作出的两阶段安排战略目标,国家治理能力和治理体系现代化既是战略目标的重要内涵,也是实现中华民族伟大复兴梦的基础与保障。前车之鉴、后事之师,中华民族三千年的治理历史有许多经验教训,也孕育了博大精深的治理思想,当今我国社会治理的创新发展,传承了传统治理思想的精髓,未来社会治理的现代化,仍需要在遵循经济社会发展规律基础上,继续发挥传统文化与传统治理思想的作用。

一是要始终坚持以人民为中心的发展思想。施行仁政、与民休养生息,是三千年治理历史中所形成的保持社会繁荣昌盛的基本经验。我党的宗旨是全心全意为人民服务,坚持以人民为中心的发展思想,坚持在发展中保障和改善民生,把增进民生福祉作为发展的根本目的,是我党施政的基本指导思想,也是我国经济社会稳定与繁荣发展的基石。

二是要充分发挥德治在现代社会治理中的作用。德主刑辅、德治与法治相结合是三千年封建王朝治理所积累形成的宝贵经验。在继承传统治理经验基础上,十九大报告提出了要建立法治、德治、自治相结合的乡村治理体系,德治在现代社会治理中依然具有基础性作用。在倡导社会主义核心价值观的基础上,充分发挥传统文化对广大民众的道德教化作用,推进社会公德、职业道德、家庭美德、个人品德建设,是施行依法治国与以德治国相结合、推进国家治理能力和治理体系现代化的重要内容。

三是要加强对基层治理的组织领导。我国传统基层治理具有较强的自治性,但县以下的基层治理从未脱离官府的控制实现完全自治,所谓皇权不下县、县下皆自治,是对传统基层治理的误解。有效的基层治理离不开政府的组织与领导,十九大提出我国要建立党委领导、政府负责、社会协同、公众参与、法治保障的社会治理体制,基于我国城乡基层治理的现状和各地创新发展的经验,加强党组织在基层治理中的领导作用和乡镇基层政府的组织管理与引导作用,是做好基层治理工作的关键。

四是要加强社会诚信体系建设。"人无信不立、业无信不兴、国无信则衰",诚信是我国传统文化的精髓,也是现代市场经济契约精神的基础。改革开放以来,我国一直处于体制机制变革之中,传统的诚信体系需要与现代市场经济体制相适应、相衔接,建立符合社会主义市场经济发展要求的现代社会诚信体系。

五是要建立健全反腐败体制机制。腐败是人类社会的痼疾。我国三千年的治理历史表明,统治阶层的腐败堕落是历代王朝灭亡的重要原因。新中国成立以来,党和政府历来高度重视反腐败工作,十八大以后党和政府将腐败列为我们党面临的最大威胁,十九大报告提出"只有以反腐败永远在路上的坚韧和执着,深化标本兼治,保证干部清正、政府清廉、政治清明,才能跳出历史周期律,确保党和国家长治久安",通过在市县党委建立巡察制度、推进反腐败国家立法、建设覆盖纪检监察系统的检举举报平台,强化不敢腐的震慑,扎牢不能腐的笼子,增强不想腐的自觉。

六是要坚持富国与强军相统一。南宋覆灭和清末鸦片战争的历史教训表明,国家经济实力的强大必须有坚强的军事力量作为保障,才能切实保障国泰民安。改革开放以来,我国经济社会发展创造了举世瞩目的伟大成就,2010年以后,一直稳居全球第二大经济体的地位,按目前发展趋势,预计在2025年前后即将成为全球最大经济体。我国的发展成就已引发部分国家对我国采取多方面遏制措施,虽然当前我国的国防力量足以维护国家安全,但以史为鉴,未来发展必须始终坚持富国与强军相统一。

（李建伟、王伟进执笔；赵峥、周灵灵、张晓路参与讨论,
并提出了修改意见和建议）

我国经济社会转型与社会治理创新

当前我国经济社会正经历的深刻转型对社会治理形成正反两方面的重要影响。从积极方面看,持续的经济增长为社会治理提供了坚实的物质基础,行政改革为推进服务导向的社会治理提供了体制环境。与此同时,社会阶层结构与治理主体结构持续优化,网络信息技术发展助推社会治理智能化。从消极方面看,我国社会治理面临多方面挑战:经济风险可能向社会领域传导;农村地区基层治理与服务半径加大;中产阶层增长缓慢与群众诉求多元化并存;人口大规模流动及人口老龄化、少子化冲击社会秩序;网络信息犯罪增多而相关管理规范相对滞后。我们应该将社会治理目标与政策逐渐融入经济社会体制改革,在大发展、大服务、大预防、大调解中协同解决社会治理问题。

一、经济增长态势对社会治理的影响

改革开放以来我国经济快速增长,人民生活水平持续提高,政府履行社会管理职能的物质基础更有保障。但应高度重视发展不平衡问题以及经济增速变化带来的诸多社会风险,未雨绸缪,做好防范。

（%）

图 1　我国人民生活水平改善情况

资料来源：WIND 资讯中国宏观数据库。

（一）人民生活水平大幅改善，由绝对贫困导致的越轨行为将持续下降

表 1　改革开放以来我国农村贫困人口与发生率

年份	农村贫困人口（万人）	农村贫困发生率（%）	年份	农村贫困人口（万人）	农村贫困发生率（%）
1978	77039	97.5	2012	9899	15.4
1980	76542	96.2	2013	8429	13.4
1985	66101	81.9	2014	7017	11.3
1990	65849	78.3	2015	5575	9.2
1995	55463	64.5	2016	4335	7.4
2000	46224	57.2	2017	3046	5.3
2005	22512	30.2	2018	1660	2.9
2010	16567	24.7			

数据来源：中国国家统计局统计公报与 WIND 资讯中国宏观经济数据库。贫困人口标准为人均纯收入 2300 元人民币（2010 年不变价）。

自 1978 至 2017 年,我国人均 GDP 保持了持续增长,城镇居民人均可支配收入与农村居民人均纯收入更是整体上保持了高于人均 GDP 的增长率,人民生活大幅改善(图 1)。我们在贵州等地的调研显示,外出务工不仅可以增加经济收入,而且可以开阔视野、提升文明素养,进而改变当地社会治理面貌。特别是,我国绝对贫困人数规模在大幅减少。改革开放初期,我国有 7.7 亿农村贫困人口,贫困发生率为 97.5%;21 世纪初仍有 4.6 亿人,贫困发生率为 57.2%;到 2018 年仅剩 1660 万人,发生率不到 3%(表 1)。

从经济学成本—收益角度看,贫困人口违法犯罪的机会成本低,更愿意冒被惩罚的风险追求越轨收益。古语云,"仓廪实而知礼节,衣食足而知荣辱",经济发展对个人荣辱观与礼教气节的影响是全方位的。可以预计,随着人民生活水平持续改善与文明素养提升,极端贫困人口大幅减少将降低越轨风险群体,社会稳定的基础将更加稳固。

(二)产业结构持续优化,生产安全事故发生率趋于稳定

发达国家经验表明,当人均 GDP 为 1000—4000 美元时,安全生产事故高发;当人均 GDP 为 4000—10000 美元时,事故发生趋于稳定;当超过10000 美元时,重大安全生产事故频发现象将得到控制。[①] 美国在 20 世纪30 年代末 40 年代初时,安全生产形势也十分严峻,每年工伤事故死亡 2 万人左右,近十年则仅维持在 5000 人左右。[②]

为什么经济发展到一定阶段,安全生产事故会趋于稳定?原因在于:(1)经济发展使产业集中度提高,同行业企业数量减少,单个企业规模扩大,生产技术得以提升,进而推动社会安全生产面貌的改善;(2)经济发展使农业、采掘、建筑等高风险行业比重下降,第三产业比重上升,安全生

---

① 参见张宝明:《安全生产与经济社会同步发展》,《中国经贸导刊》2004 年第 18 期。

② Cf."Fatal occupational injuries by selected characteristics,2003—2017",美国劳工部网站,https://www.bls.gov/iif/oshcfoi1.htm#19922002。

产事故发生率随之下降;(3)伴随经济发展,有关安全生产的法律法规趋于完善,安全生产的监管与政策执行更加有力,安全生产的治理得到加强。①

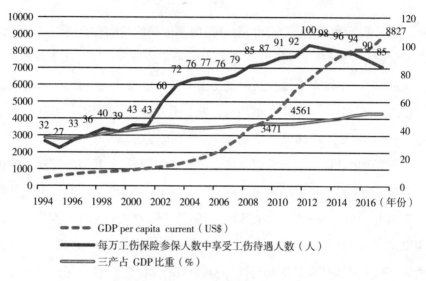

图2 我国经济发展与每万名工伤保险参保人数中享受人数

资料来源:WIND 资讯中国宏观数据库与世界银行数据库。

我国人均 GDP 已于 2010 年超过 4000 美元,2015 年超过 8000 美元,标志着经济发展进入新阶段。在产业结构方面,我国第三产业比重也已于 2012 年超过第二产业,并于 2015 年超过 50%,且仍保持上升态势。在安全生产治理方面,2016 年中共中央、国务院《关于推进安全生产领域改革发展的意见》出台,成为新中国成立以来第一个以党中央、国务院名义出台的安全生产纲领性文件。在具体安全生产监管过程中,我国采取了严格责任考核、落实"一票否决"、推行专项整治等一系列有力举措,取得了较好成效。数据显示,我国每万名工伤保险参保人数中享受工伤保险人数在 2012 年达

① 参见郭朝先:《他国安全生产状况与经济发展水平的关系》,《经济管理》2006 年第9 期。

到峰值 100 人后开始逐年下降,说明我国安全生产环境趋于改善(图2)。

(三)公共财政收入持续增长,公共服务与社会治理的财力保障更加有力

党的十八届三中全会指出,财政是国家治理的基础和重要支柱。在诸多国家能力中,财政汲取能力是基础,是政府职能有效行使的基本条件。数据显示,2003 年以来全国公共财政支出随经济增长持续上升,经济进入新常态以来,仍保持了 5% 以上的增速。从公共财政支出占国家 GDP 比重来看,从近 18% 增长到 2015 年的近 26%,近年维持在 25% 左右。

强大的财政能力为公共服务提供了有力保障,而公共服务是通过改善民生进而防范社会风险的重要手段。2003—2017 年间,我国教育类公共财政支出占 GDP 比重从 2.1% 上升到 3.7%,医疗卫生与计划生育类支出从占 GDP 的 0.6% 上升到 1.8%,社会保障和就业类支出从占 GDP 的 2.0% 上升到 3.0%,如果参照发达国家将社保基金支出纳入考虑,社会保障和就业类支出从 4.6% 上升到了 8.9%(表2)。无论是教育、医疗、就业还是社会保障,向这些民生领域的投资是提高公民素质、保障人民安居乐业,进而预防与化解社会矛盾的有效途径。

表2 我国公共财政总支出及社会治理支出情况

指标名称 / 年份	全国公共财政支出(亿元)	全国公共财政支出增长率(%)	全国公共财政支出占GDP比重(%)	社会治理类占GDP比重(%)	教育类占GDP比重(%)	医疗卫生与计划生育类占GDP比重(%)	社会保障和就业类占GDP比重(%)	社会保障和就业类+社保基金支出占GDP比重(%)
2003	24650		17.9	0.7	2.1	0.6		
2004	28487	15.6	17.6	0.6	2.1	0.5		
2005	33930	19.1	18.1	0.6	2.1	0.6		
2006	40423	19.1	18.4	0.6	2.2	0.6		

续表

指标名称 年份	全国公共财政支出（亿元）	全国公共财政支出增长率（%）	全国公共财政支出占GDP比重（%）	社会治理类占GDP比重（%）	教育类占GDP比重（%）	医疗卫生与计划生育类占GDP比重（%）	社会保障和就业类占GDP比重（%）	社会保障和就业类+社保基金支出占GDP比重（%）
2007	49781	23.2	18.4	1.3	2.6	0.7	2.0	4.6
2008	62593	25.7	19.6	3.1	2.8	0.9	2.1	4.9
2009	76300	21.9	21.9	3.2	3.0	1.1	2.2	5.3
2010	89874	17.8	21.8	3.7	3.0	1.2	2.2	5.4
2011	109248	21.6	22.4	3.5	3.4	1.3	2.3	6.1
2012	125953	15.3	23.4	3.6	3.9	1.3	2.3	6.8
2013	140212	11.3	23.6	3.7	3.7	1.4	2.4	7.3
2014	151786	8.3	23.7	3.8	3.6	1.6	2.5	7.7
2015	175878	15.9	25.6	4.1	3.8	1.7	2.8	8.5
2016	187755	6.8	25.4	4.3	3.8	1.8	2.9	8.9
2017	203085	8.2	24.7	4.3	3.7	1.8	3.0	8.9
2018	220906	8.8	24.5					

数据来源：WIND资讯中国宏观数据库。

与此同时，我国社会治理本身也得到财政的大力支持。按照当前社会治理工作事实上覆盖的公共安全、矛盾化解、基层治理与社会组织四大领域计，我国社会治理类财政支出已经从2003年占GDP的0.7%快速上升至2017年的4.3%，超过教育、医疗卫生以及窄口径的社会保障与就业这几大重要民生事项（表2），反映了国家推进治理体系与治理能力现代化的决心。

（四）城乡、区域、群体间发展不平衡问题依然突出，但发展差距呈缩小态势

著名经济学家库兹涅茨认为，持续的经济增长对不同部门的影响是不一样的，增长较慢部门较之增长较快部门群体利益受损，且无法通过少数受

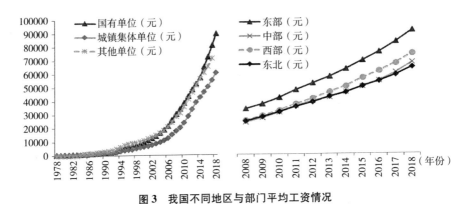

图3　我国不同地区与部门平均工资情况

数据来源：WIND 资讯中国宏观数据库。

惠者所获利益得到补偿，因而可能引发社会冲突与矛盾。[①] 这种发展不平衡、不充分的问题在我国城乡间及不同地区、体制、行业间一度非常明显，进而导致收入差距拉大、公众受益不均、部分群体利益受损等矛盾，形成下岗工人、失地农民、农民工、三留守人群等利益保障不足或受损群体。如图3所示，我国国有单位与城镇集体之间的平均工资差距较大，且有扩大趋势。在地区间，我国东部与西部、东北地区的平均工资依然有较大差距，且呈拉大趋势。

应当看到，收入差距的倒 U 型演变趋势将缓解不同收入群体间的矛盾冲突。库兹涅茨早在 1955 年就提出收入差距呈倒 U 型发展的假说，中国的情况也不例外。数据显示，中国居民收入的基尼系数，从 2003 年的 0.479 提高到 2008 年的 0.491 后趋于下降，到 2017 年降至 0.467。类似，我国成人财富基尼系数也在 2015 年达到峰值 0.82 后，开始下降，到 2017 年降至 0.71（图4）。在城乡之间，得益于家庭联产承包责任制改革，城镇居民人均可支配收入与农村居民人均纯收入的比率在改革初期开始下降，

---

①　参见西蒙·库兹涅茨：《现代经济增长》，北京经济学院出版社 1989 年版。

从 1978 年的 2.57 倍降为 1983 年的 1.82 倍,此后随着城市改革的推进,城乡居民收入差距再度扩大,到 2007 年城乡居民收入比率达到 3.33 倍。随着对三农问题的重视与政府的积极调控,2007 年后城乡居民收入差距再度缩小,到 2018 年城乡收入比率降为 2.69(图 4)。可以预计,随着城乡之间、居民之间收入差距的缩小,不同收入群体间的关系将更加和谐。

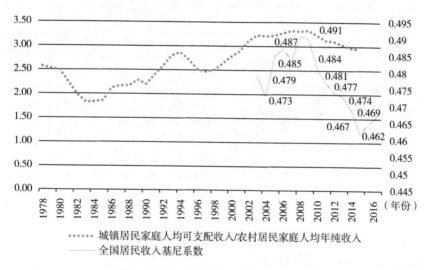

图 4 中国城乡居民收入比率和基尼系数

数据来源:WIND 资讯中国宏观数据库。

(五)经济从高速向中高速增长转变,将经由财政、资本、就业等对社会稳定产生影响

经济波动本身容易激化社会矛盾,导致社会剥夺感的产生。托克维尔在研究法国大革命时发现,社会动荡往往不发生在经济长期停滞的地方,而发生在经历经济增长的地方,而且最可能发生在经济开始停止增长的拐点①。

从政府角度看,经济增速下行势必带来财政收入增速的放缓。数据显

---

① 参见托克维尔:《旧制度与大革命》,商务印书馆 1992 年版。

示,自2011年GDP增速下降后,全国公共财政收入增速也有趋势性下降,公共财政支出压力增大(图5)。如果这一趋势持续,公共服务与社会治理领域的支出将受到限制。公共服务、社会治理类支出一旦得到压缩,因直接影响民生,容易引发较大民众反应。

图5 全国公共财政收入变化情况

数据来源:WIND资讯中国宏观数据库。

从市场角度看,随着经济增速下降,我国民营企业传统的融资链条不再牢靠,进而引发金融借贷、合同违约等经济纠纷,并将矛盾进一步向社会领域传递。根据最高人民法院的工作报告,2008—2012年,全国法院系统审结民间借贷案件292.4万件,占全国审结案件的3.4%,而到2013—2018年,审结民间借贷案件达705.9万件,占全部审结案件的8.2%,民间借贷案件大幅上升。① 这一现象在东部发达地区体现得尤为明显。以我们调研的

① 参见周强:《最高人民法院工作报告——2018年3月9日在第十三届全国人民代表大会第一次会议上》,2018年3月9日,最高人民法院网站,http://gongbao.court.gov.cn/Details/69d3772d9e94aae3ea2af3165322a1.html;王胜俊:《最高人民法院工作报告——2013年3月10日在第十三届全国人民代表大会第一次会议上》,2018年3月10日,最高人民法院网站,http://gongbao.court.gov.cn/Details/9f1655cc4ce302bc9a1ef28902f9c0.html。

莆田市为例,2016—2018 年虽然法院受理的民间借贷纠纷案件有下降趋势,但仍占据了较大比重,将近 1/7。如果考虑金融借款合同纠纷,所占比重更大。此外,经济增速放缓还会带来失业、收入下降、贫困、流浪乞讨、偷盗等社会问题,进而影响社会稳定。

表 3 莆田市 2016—2018 年金融借贷类受理案件数量变化

案件类型	2016 年		2017 年		2018 年	
	件数	比重(%)	件数	比重(%)	件数	比重(%)
民间借贷纠纷	2219	20.1	1916	17.3	1659	14.2
金融借款合同纠纷	306	2.8	337	3.0	299	2.6

数据来源:莆田市法院提供。

二、行政体制改革对社会治理的影响

当前我国致力于服务型政府建设,大力推进基层民主与协商民主,社会和谐的行政体制更加完善。与此同时,市场化过程中国家与民众的传统组织化联系相对弱化,基层政权的治理与服务半径加大,人民的权利意识增强,均对新时期的社会治理构成重要挑战。

(一)服务型政府理念引领行政体制改革,在保障与改善民生中建设和谐社会的体制基础更加牢靠

自 1998 年"公共服务"被确立为政府基本职能以来,我国行政体制改革经历了多个阶段,基本方向是建构责任、法治、人民满意的服务型政府。[1]

---

① 参见俞可平:《中国的治理改革(1978—2018)》,《武汉大学学报(哲学社会科学版)》2018 年第 3 期。

服务型政府建设是各国政治发展的重要趋势。从国际上看,OECD 国家的公共财政社会支出自 1980 年以来总体呈上升态势,从平均占 GDP 的 14% 上升到近几年的 20%。2018 年,法国社会支出占 GDP 的比重高达 31%;美国略低于 OECD 国家平均水平,占 19%;韩国相对较低,也达到 11%。在拉美,政府也大力建设社会保护网,推进有条件的现金转移支付,阻断贫困的代际传递。2000—2015 年,19 个拉美国家公共部门的社会开支占 GDP 的比重从 11% 增加到了 14.5%。①

在我国,2003 年以来教育、社会保障和就业、医疗卫生和计划生育、公共安全类财政支出占总财政支出的比重都保持了整体增长态势,2017 年分别占到 14.8%、12.1%、7.1%、6.1%。将教育、社保、医疗、公共安全、住房保障、文体与灾后重建支出合计,占比从 2003 年的 17.1% 快速增长到 2017 年的 45%(表 4)。这说明,随着经济发展,我国服务型政府建设初见成效,社会建设快速发展,民生保障更加有力。这些也将从源头上减少社会矛盾的发生,也为政府从单方面注重行政管制转向寓管理于服务提供了载体。

表 4 我国主要公共服务财政支出占财政总支出比重情况

年份	教育(%)	文化体育与传媒(%)	社会保障和就业(%)	医疗卫生与计划生育(%)	地震灾后恢复重建支出(%)	住房保障支出(%)	公共安全(%)	合计(%)
2003	11.9	2.0		3.2				17.1
2004	11.8	2.1		3.0				16.9
2005	11.7	2.1		3.1				16.9
2006	11.8	2.1		3.3				17.2
2007	14.3	1.8	10.9	4.0			7.0	38
2008	14.4	1.8	10.9	4.4	1.3		6.5	39.3
2009	13.7	1.8	10.0	5.2	1.5		6.2	38.4

① 参见林华:《拉美国家的社会治理能力:来自社会阶层结构变动的挑战》,《现代国际关系》2018 年第 2 期。

年份	教育（%）	文化体育与传媒（%）	社会保障和就业（%）	医疗卫生与计划生育（%）	地震灾后恢复重建支出（%）	住房保障支出（%）	公共安全（%）	合计（%）
2010	14.0	1.7	10.2	5.3	1.3	2.6	6.1	41.2
2011	15.1	1.7	10.2	5.9	0.2	3.5	5.8	42.4
2012	16.9	1.8	10.0	5.8	0.1	3.6	5.6	43.8
2013	15.7	1.8	10.3	5.9	0.0	3.2	5.6	42.5
2014	15.2	1.8	10.5	6.7		3.3	5.5	43.0
2015	14.9	1.7	10.8	6.8		3.3	5.3	42.8
2016	15.0	1.7	11.5	7.0		3.6	5.9	44.7
2017	14.8	1.7	12.1	7.1		3.2	6.1	45

资料来源：WIND 资讯中国宏观数据库。

（二）以基层协商民主为重点的民主政治进程畅通了利益表达渠道，扩大了社会共识

在推进民主进程过程中，我国没有照搬西方的选举民主形式，而是根据国情着力推进协商民主，在协商中实现各方面利益的兼顾与最大"同心圆"与"公约数"的达成，也就避免了西式民主社会分歧被强化、决策不易形成的弊端。[1] 具体看，党的十八大报告首次提出社会主义协商民主是我国人民民主的重要形式。2015 年中共中央专门印发了《关于加强社会主义协商民主建设的意见》，此后我国在政党协商、人大协商、政协协商、政府协商、基层协商、社会协商等方面进行了有效探索，涌现出了"温岭民主恳谈""村民议事会""象山说事"等一系列治理创新，成为多方积极参与解决公共事务、减少利益分歧的生动实践。

同样值得关注的还有，改革开放以来我国民主政治最重要的突破发生

---

① 参见房宁、张茜：《中国政治体制改革的历程与逻辑》，《文化纵横》2017 年第 6 期。

55

在基层。① 自党的十七大报告首次提出基层民主是社会主义民主政治的基础性工程,到十九大提出巩固基层政权、完善基层民主制度,我国基层民主有了长足发展。在基层政权层面,基层民主体现为乡镇长的直接选举、乡镇党委的"公推直选"、村党支部的"两票制"等治理创新。在企事业单位层面,基层民主体现为依托职代会的职工自治制度。在社区层面,农村实施村民自治制度,城市实施居民自治制度,基层民主体现为村居委员会的选举。无疑,这一系列基层民主治理趋势有利于及早反映民众利益诉求,推动多方共识达成,有利于将矛盾化解在基层,成为"小事不出村、大事不出乡、矛盾不上交"的根本制度保证。

(三)国家与民众间传统的组织化联系弱化,以政府为指向的诉求在增强

与改革开放前政社高度统一的社会治理体制比,当前国家与民众的组织化联系在减弱。这表现为,新中国成立以来个人与公共体制间经由人民公社与单位的紧密关联对大部分人来说业已中断,基层社会组织的应责、协调、代表、连接和庇护职能在消失或者弱化,同时替代性的机制并未完全建立。② 大规模的人口流动与人户分离加剧了这一状况。由于组织化联系是社会自我调节矛盾冲突的重要社会机制,这一变化对当前的社会治理尤其是基层治理构成重要挑战。

在农村,家庭联产承包后,村集体对村民全方位的管理与控制难以为继,农业税的取消则使乡镇基层政权、自治组织与农民间的常态化联系进一

---

① 参见俞可平:《中国的治理改革(1978—2018)》,《武汉大学学报(哲学社会科学版)》2018 年第 3 期。
② 参见张静:《中国基层社会治理为何失效?》,《文化纵横》2015 年第 6 期;张静:《组织与个人关系的历史性变化》,2017 年 11 月 4 日,在清华大学"新时代社会治理的中国道路"高端论坛上的发言,http://www.sohu.com/a/209979127_743776。

步削弱,乡镇从汲取型政府变成悬浮型政府,基层治理变得缺乏抓手。随着新农村建设、工商资本下乡、农业转移支付、脱贫攻坚等工作的推进,乡、村两级中介组织的作用有所改善,但财政资金与工商资本下乡过程中,资本力量与基层权力的结合对村委会与村民的自治与代理关系形成干扰,进而导致农民利益受损。

在城市,国有企业改革与商品房小区的兴起使得"企业办社会"成为历史,单位不必然代表政府,与民众的关系也仅限于工作层面。现有街居体制下,基于陌生人的自治式居住社区既缺乏足够的行政动员能力,又缺乏足够的社区凝聚力,街居治理体制面临困境。

在政府、市场与社会三大部门之间,基于市场化动力的放管服改革得到高度重视与大力推进,政府社会管理理念与实现方式均在相应发生变化,人们直接找政府的权利诉求也在相应增长。"社会治理"替代"社会管理"的变化,意味着社会秩序的维护不再是政府单方面的事务,而是政府与社会、公民共同的事务。[①] 在这个过程中,政府大量向社会组织等中介机构转移公共服务与管理职能,这些中介组织成为连接市场、政府与民众的重要新型组织。理想状态下,社会利益将得到更好代表,社会诉求将得到更好表达,社会正义将得到更好的维护,社会创新将得到充分地释放,社会资本将得到更好发展。但是,由于社会认识与监管制度的相对滞后,政策支持的不足,大量中介组织或遵循商业逻辑追求利益最大化,或者缺乏足够的生存与发展能力,理想状态的政府—社会组织以及社会组织—民众联系尚未完全建立。市场经济条件下,尽管"全能型政府"在向"有限政府"转型,政府权能减弱,但随着民众权利意识增强,民众指向政府的诉求也在增多[②],这体现

---

① 参见周红云:《从社会管理走向社会治理:概念、逻辑、原则与路径》,《团结》2014 年第 1 期。

② 参见陈柏峰:《中国法治社会的结构及其运行机制》,《中国社会科学》2019 年第 1 期。

为重大工程的邻避现象、福利领域的等靠要现象、牟利性上访等,这些对新时期的社会治理构成重大挑战。

(四)持续合乡并村使行政体系的末端发生结构性变化,基层服务半径增大可能导致治理盲区的出现

乡、镇、街道是我国最基础的政权组织。适应人口分布的变化,自1984年大规模人民公社改乡镇以来,全国乡镇级区划从106439个持续下降到了2016年的39862个,共计减少66577个,平均每年减少2000多个。这其中,伴随人口城镇化,乡的数量大幅下降,而镇与街道数量均有所增长。其中乡数从1984年的85290个大幅减少到2016年的10872个,镇从7186个持续增加至20883个,街道则从5304个增加到8105个(图6)。

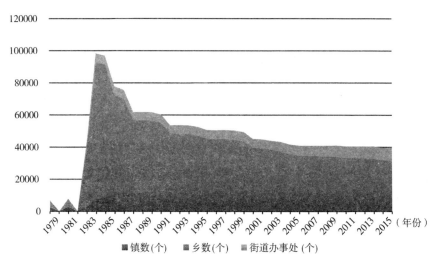

图6 改革开放以来我国乡级行政区划数量变化

资料来源:国家统计局网站。

村居组织是基层自治组织,也是政府代理组织,与村居党支部共同构成政权的基层基础。合乡并镇在村居层面的反映是自治组织的相应减少。统计局数据显示,从1995年到2017年,我国自治组织数从104.4万个降至了

2017 年的 66.1 万个,其中村委会从 93.2 万个减到了 55.4 万个,居委会则是先降后升,从 1998 年的 11.9 万个下降到 2003 年的 7.7 万个,后上升至 2017 年的 10.7 万个。这其中,村委会占自治组织比重从 2003 年的 89% 降至 2017 年的 84%。这种机构的变化虽然适应人口流动的变化,能促进服务与治理效率的提高,但势必带来基层尤其是农村服务半径的加大,以至于在一些偏远基层地区出现治理盲区。

三、社会结构变化对社会治理的影响

社会结构既可能是社会稳定与和谐的基础,又可能是社会矛盾与冲突的原因。[①] 当前,我国阶层结构向纺锤型发展,大量下层民众实现了阶层流动,社会稳定的结构基础更加稳固。社会组织迅速壮大,多元治理的主体结构更加优化。同时,在向高收入国家迈进过程中,中产阶层增长相对缓慢、群众诉求结构的多元化对政府公共服务与社会管理能力构成挑战。

(一)社会阶层结构从"倒丁字型"向纺锤型发展,发挥社会稳定器作用的中产阶层缓慢增长

"五普"调查数据显示,2000 年我国社会阶层结构呈"倒丁字型"分布,上层与中层占比很少,64.7% 的被调查者国际社会经济地位指数在 23 分及以下,以农民等为主体的底层社会占比巨大。这种下层与其他阶层缺乏缓冲与过渡的社会结构会导致结构性紧张,即人们的生活与社会期望得不到满足,由此产生非理性的信念与行为,进而成为盗窃、私搭乱建、嫖娼等各种社会问题、矛盾的根源。[②] "六普"数据显示,到 2010 年我国社会结构已从

---

① 参见郑杭生、李路路:《透视当代社会结构促进中国社会和谐——社会结构与社会和谐》,《中国人民大学学报》2005 年第 2 期。

② 参见李强:《"丁字型"社会结构与"结构紧张"》,《社会学研究》2005 年第 2 期。

"丁字型"向"土字型"转变。① 进入 21 世纪的十年间,农民阶层从占人口的 63.2% 下降到 46.5%,操作技术工人从 11.2% 下降到 9.8%,从事经营销售等工作的白领阶层从 2.9% 大幅上升到 13.3%。

2010 年以来,我国中产阶层进一步壮大,社会结构将继续向"纺锤型"发展。相当比例的中间阶层的存在被认为是社会的重要稳定器,它构成上层与下层的缓冲地带,从而缓解阶层间的矛盾与冲突。政治上,中间阶层被认为态度相对温和,倾向支持改良渐进式改革,道德上持相对主义,不容易走极端。②

应当注意到,数据显示我国整体上依然是"倒丁字型"结构,四个分化世界的存在成为中产阶层占比增长缓慢的结构性因素。③ 首先是城乡分化。伴随城镇化进程,大量农村精英外流,城市社会已经是中产社会,呈现出两头小、中间大的纺锤型特征,而农村社会依然是"倒丁字型"结构。其次是中小城市与超大城市间的分化。当前我国中小城市是典型的"倒丁字型"结构,而大型城市中层阶层比例较大,超大城市已经接近"纺锤型"结构。由于大城市虹吸效应明显,中小城市吸引力弱化,这种分化仍在进行。

(二)大量普通民众实现阶层流动,社会结构保持了开放与活力

抽样调查数据显示,随着工业化与城镇化推进,我国代际流动性总体趋势在增强,家庭背景与体制身份决定了子代社会地位的作用在减弱。④ 特别是,农村户籍子代的总流动率呈现先下降、后不断攀升的趋势。⑤ 这其中,教育与培训成为促进社会流动的重要因素。我国普通高等学校招生人

---

① 参见李强:《我国社会结构、社会分层的新特征新趋势》,《北京日报》2016 年 5 月 30 日。
② 参见胡鞍钢、王磊:《经济增长对社会稳定的双向效应》,《湖南社会科学》2005 年第 6 期。
③ 参见李强、王昊:《中国社会分层的四个世界》,《社会科学战线》2014 年第 9 期。
④ 参见李路路、朱斌:《当代中国的代际流动模式及其变迁》,《中国社会科学》2015 年第 5 期。
⑤ 参见汪小芹:《中国社会代际流动趋势与结构分解》,《经济学动态》2018 年第 11 期。

数快速上升,从1977年的27万人,上升到1999年的155万人,到2017年达到749万人;高中生的高等教育升学率从1990年的27%,上升到1999年的64%,2016年达到95%。我国高等教育毛入学率2018年已达48%,接近高等教育大众化迈向普及化50%的门槛(图7)。

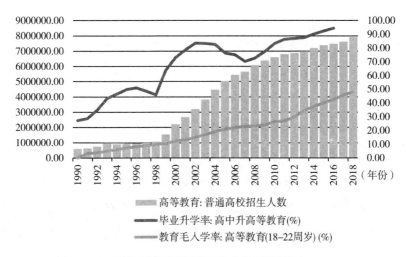

图7 我国高等教育招生人数与普及率

资料来源:WIND资讯中国宏观数据库。

这一系列变化表明,改革开放的成果得到充分共享,社会活力在社会流动上得到体现,这有利于社会结构的优化,避免阶层矛盾的累积,有利于民众形成良好的社会心态与预期,从而促进社会稳定。研究表明,改革开放以来,人们所经历的向上代际流动与代内流动,以及对向上流动的感知与预期,都显著增强了政治信任,从而有助于维护社会政治稳定。同时应注意到,市场能力对代际流动的阻碍作用增强,市场排斥成为占优势地位的社会阶层实现阶层再生产的重要手段,代际间跨阶层流动尤其是长距离流动越来越难①,这需要国家在人力资本投资、社会保护等领域的积极干预。

---

① 参见盛智明:《社会流动与政治信任——基于CGSS2006数据的实证研究》,《社会》2013年第4期。

（三）收入从中收入向高收入阶段迈进，人民群众的诉求结构更加多元

亨廷顿指出，正在形成的中产阶层相对激进，更倾向于通过对抗表达诉求，已经形成规模的中产阶层相对保守，才是社会的稳定力量。[①] 这在当前不乏例证，2003—2013 年，拉美国家的中产阶层普遍扩大，上升性社会流动增加，但与此同时，巴西、墨西哥、厄瓜多尔等国家，群体性事件的主要参加者多是中产阶层。从历史上看，从 19 世纪末到 20 世纪中期，一些欧洲国家在从低收入向中高收入阶段迈进过程中出现了严重的动荡与危机。[②]

根据世界银行分组标准，我国已是中等收入国家，并正在向高收入国家迈进。随着生活水平的提高，人们各种诉求趋于多元化，权利申诉将更加普遍，对国家凝聚共识、协调利益结构、公共服务能力构成挑战。人们不仅有足衣足食的需求，同时对产品质量与安全的要求也在提升。人们不仅有托底性生存与社会保障的权利需求，对更好的教育、更好的医疗等发展性权利的要求也越来越高，社会参与的需求也在增长。数据显示，在食品药品与医疗器械领域，我国公众的投诉数量自 2010 年来整体呈上升趋势（图 8）。人们不仅有人身权、财产权的要求，同时对人格权的要求也越来越高，在社会治理过程中对信息与隐私的保护意识增强。如果民众的诉求表达渠道无法畅通、各种合法权益无法有效保障，那么便有可能引发社会不稳定。

（四）社会组织快速发展，治理主体结构更加优化

自 20 世纪 90 年代市场经济体制改革以来，我国社会组织规模持续上升，从 1999 年的 14.3 万个增长至 2017 年的 76.2 万个。截至 2017

---

① 参见塞缪尔·亨廷顿：《变化社会中的政治秩序》，三联书店 1989 年版。
② 参见杜旭宇：《经济发展与社会稳定的负相关分析》，《学术论坛》2008 年第 5 期。

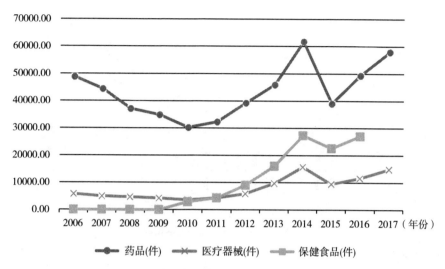

图8 我国食品药品领域的公众投诉数量

资料来源:WIND 资讯中国宏观数据库。

年,我国共有民办非企业单位 40.1 万个,社会团体 35.5 万个,基金会 6307 个。这其中,对公共服务起到重要补充作用的民办非企业单位发展尤为迅速,并于 2015 年超过社会团体的数量,占据我国社会组织的半壁江山(图9)。从相对数量来看,我国社会组织数于 2015 年首次超过自治组织单位数,成为规模上与村(居)委员会相当的重要治理主体。2017 年,我国每万人口社会组织数为 5.5 个,同期每万人口自治组织数为 4.8 个(图10)。

从实际效果来看,东部城市的实践表明,我国社会组织不仅在养老、托幼、扶贫救困等领域对正式公共服务体系起到补充,在矛盾纠纷调解、社会心理调适、治安巡逻等方面也发挥重要作用,直接服务于和谐社会建设。

随着社会组织进一步发展壮大,其在社会治理中的作用将得到更好体现。同样值得关注的是,随着现代网络与信息技术的发展,互联网、大数据

图9 我国各类社会组织发展情况

资料来源:国家统计局。

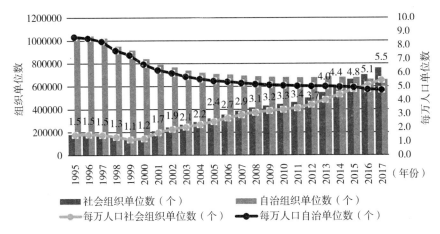

图10 我国社会组织与自治组织发展情况

资料来源:国家统计局。

类企业凭借平台、技术与数据优势,参与治理的优势日益凸显,成为新时期社会治理的重要力量。比如,第三方机构已经凭借移动支付技术在推动异地就医、异地养老方面积极发挥作用,许多企业依托网络与视联技术已经成为地方网格化管理、治安监控、应急处置不可或缺的重要主体。

四、人口结构变化对社会治理的影响

人口是社会的基础变量,我国正在经历的人口结构变化将从各方面长期影响社会治理的环境。首先是大规模的城乡间、地区间人口流动对流入地、流出地均构成社会稳定风险,老龄化的持续加深将从社会抚养负担方面带来代际性的利益冲突,而人口出生率的持续走低将经由金融风险间接影响社会稳定。

(一)大规模人口流动对城乡社会秩序构成全方位冲击

改革开放以来,我国人口持续快速从农村向城镇流动,农民职业非农化与身份市民化过程本身就是社会结构性的大变化,并通过公共服务压力、社会治理主体构成、社会融合与认同影响社会稳定。

在城乡之间,1978 年我国人口城镇化率只有 17.9%,2010 年我国人口已有超过半数常居住城镇,到 2018 年改革开放 40 周年时,我国城镇化率已高达 59.6%。从户籍变化来看,我国非农业人口比重从 1978 年的 15.8%持续增长到 2014 年的 36.6%。在城镇化进程中,我国出现了庞大的流动人口群体。2005 年流动人口为 1.47 亿人,占总人口的 11.2%;到 2014 年达到峰值 2.53 亿人,占总人口的 18.5%;此后开始下降,到 2018 年仍有 2.41 亿人,占总人口的 17.3%(图 11)。在地区之间,人口大量从中西部地区向东部沿海地区聚集。尽管重庆、西安等西部中心城市网络地位大幅上升,东部沿海三大城市群依然是我国人口流动的热点区域。①

在流出地,中西部地区、农村地区大量青壮年人口的流出,导致严重的

---

① 参见蒋小荣、汪胜兰:《中国地级以上城市人口流动网络研究——基于百度迁徙大数据的分析》,《中国人口科学》2017 年第 2 期。

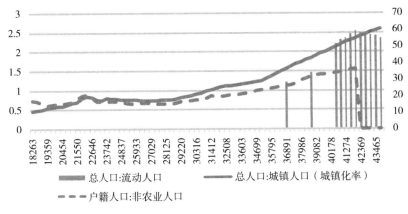

图 11　我国城镇化进程与人口流动情况（单位：亿人/％）

资料来源：WIND 资讯中国宏观数据库。

三留守问题。与此相关，家庭关系纠纷增多，未成年人辍学与犯罪增多，"村霸"等黑恶势力出现，危害人身财产安全的治安事件时有发生。流出地民主权利的行使也受到影响，基层民主自治过程无法得到更多群众的直接监督。人口流出同时带来公共服务与社会治理人才的缺乏，农村出现了两委班子老化、医生与老师队伍无法保障等问题。

在流入地，外来人口流入导致沿海发达地区户籍人口与非户籍人口的结构性"倒挂"现象，对流入地的治安、教育、医疗、消防、城市执法、环卫、交通等公共服务与管理能力带来巨大挑战。围绕公共服务均等化、公共事务参与等问题出现了新的群体间利益冲突，成为人口流入地社会治理的又一难题。

人口快速流动对我国社会结构的另一个深层次的影响是，乡土中国范围内"熟人社会"开始瓦解，并快速向"陌生人社会"转变。从社会交往来看，长期而频繁的人口流动使得人们之间重复博弈式互动减少，失信、越轨后受到来自对方直接的惩罚减少，越轨行为增加。信任是社会秩序的基础。基于中国的实证数据表明，外来人口流入能显著降低本地居民的社会信任程度,外来人口越多的省份社会信任程度更低,人口流动成为我国居民社会信任程度下降的重要原因。①

(二)人口从中度老龄化走向深度老龄化转变,可能经由抚养关系导致结构性的代际冲突

首创于德国的社会保险制度被俾斯麦视为"消除革命的投资",因为"一个期待着养老金的人是最本分的,也是最容易被统治的"②。但是,与世界上主要国家与地区普遍面临的情况类似,我国人口老龄化程度持续上升,平均预期寿命普遍延长,老年抚养比在从 1965 年的 6.7%缓慢提高至 10.9%后,加速提升至 2017 年的 14.9%。③

为了应对人口老龄化带来的养老保障压力,国际上通常会考虑三种政策举措:提高在职人员养老保险缴费率、降低退休人员养老金待遇、延迟退休年龄,无论是何种方案均对社会治理构成挑战。降低养老金待遇会引发老年群体不满,在一个老年群体比重迅速上升、话语权增大的社会,这种不满可能具有社会政治意义。提高在职人员缴费率则会增加年轻一代与雇主的经济负担,同样会招致不满。在推迟退休年龄问题上,不同户籍、单位性质、社保体系、年龄等群体的意见也会有较大分歧。事实上,养老保障的有关改革已经给许多国家的现收现付体系带来巨大支付压力,并造成日趋严重的代际冲突。④ 在中国,虽然当前尚未见到明显的代际间冲突,但随着老龄化程度加深、经济发展形势的变化,由养老导致的群体分歧将成为影响社

---

① 参见吕炜、姬明曦、杨沫:《人口流动能否影响社会信任——基于中国综合社会调查(CGSS)的经验研究》,《经济学动态》2017 年第 12 期。

② 鲁友章、李宗正主编:《经济学说史》(下),人民出版社 1983 年版,第 303 页。

③ 参见李建伟、周灵灵:《中国人口政策与人口结构及其未来发展趋势》,《经济学动态》2018 年第 12 期。

④ 参见彭浩然、陈斌开:《鱼和熊掌能否兼得:养老金危机的代际冲突研究》,《世界经济》2012 年第 2 期。

会稳定的重要方面。2014 年起,黑龙江城镇基本养老保险金已出现总体收不抵支的状况,2017 年收支亏空达 486 亿元,辽宁、吉林、黑龙江、山东、湖北、甘肃、青海 7 个省在 2017 年出现了城镇基本养老保险当年收入(包括缴费收入和投资收益)不抵支出问题。

(三)持续的低人口出生率可能导致系统性金融风险,进而影响社会稳定

研究发现,我国人口结构中青年—中年比率与国家基准利率、系统性金融风险呈显著正相关关系,未来中国较低的人口出生率将导致我国较低的基准利率水平,进而产生较大的系统性银行风险。[①] 而在现代经济社会中,金融风险可能经由债务危机引发一系列社会纠纷,这种近些年在法院系统审理案件的结构中已经体现出来。

五、信息技术变革对社会治理的影响

身处信息社会,现代网络与信息技术对社会治理带来正反两方面影响。从积极方面看,网络信息技术为社会治理智能化提供了技术基础,提升了政府的社会管理能力。从消极方面看,网络信息技术的大众化,便利了违法行为的开展,同时传统的管控式社会管理失效,网络信息本身也成为治理的新兴地带。

(一)现代信息与大数据技术的普及,为社会治理的智能化发展提供了技术基础

人人网络互联的社会初步形成,这将从政府治理能力与对象方面全面

---

① 参见范小云、段月姣、杨昊晰:《人口结构与系统性风险测度及监管——以利率为纽带的视角》,《经济研究》2018 年 8 月。

影响社会治理的实践。据统计,2018 年年底,我国网民规模达 8.29 亿,互联网普及率达 59.6%;其中手机网民规模 8.17 亿,网民中使用手机上网的比例达到 98.6%。这得益于网络覆盖工程与"提速降费"的实施。据统计,截至 2018 年第三季度,全国行政村通光纤比例已经达到 96%,即使贫困村通宽带比例已经超过 94%。自 2018 年 7 月起,移动互联网漫游成为历史,运营商移动流量单价大幅下降。①

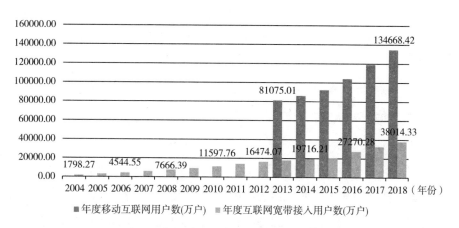

图 12 我国互联网用户数与宽带接入用户数

资料来源:WIND 资讯行业经济数据库。

政府加大信息化投入、大幅提升互联普及率的同时,直接服务社会治理的"天网工程""雪亮工程"全面推进,遥感监测、无人机干预、人工智能等技术开始在经济社会发展中拓展应用领域。这些为政府更好监测、分析与研判各种社会风险,并及时采取措施进行人力与非人力干预提供了有力支撑,各种违法犯罪行为的处置效率大幅提升。

---

① 参见中国互联网络信息中心:《第 43 次中国互联网络发展状况统计报告》,2019 年 2 月,第 19—21 页。

（二）公众信息获取与传播、活动组织与动员能力大大增强，传统管控式社会管理面临挑战

在自媒体时代，公众获取与传播信息的能力极大增强，传统政府管理信息与舆论的难度加大。比如，谣言传播速度加快，网络性恐慌出现，人肉搜索成为广泛使用的社会监督工具。2018年全国网络安全和信息化工作座谈会上，习近平总书记强调要"构建网上网下同心圆，更好凝聚社会共识，巩固全党全国人民团结奋斗的共同思想基础"，意味着网络已经成为新时期凝聚共识、维护社会秩序的重要空间。从国际大环境来看，部分西方反华势力通过网络开展意识形态工作，危害国家安全。由于新媒体的快速发展，舆论场更加复杂，呈现出自发性、突发性、公开性、多元性、匿名性、难控性等特征，网络谣言的治理已经成为社会治理新的重要内容。

网络信息技术的普及使得活动组织与协商的便捷性大幅提升，现实生活中集体活动的成本降低。地方反映，在信访案件中，群体性、串联性上访在增多，很大程度上得益于移动网络的发展，人们通过微信等工具可以迅速组建群组、发动倡议、讨论协商、安排活动。

（三）现代信息技术便利了违法活动的开展，网络信息本身成为治理的难点领域

网络信息技术既可以被政府用于治理能力的提升，也可以被不法分子用于谋取个人利益。近些年网络电信诈骗、互联网金融案件增多就是说明。

由于信息本身就是重要资源，针对信息的网络安全事件高发，网络和信息安全构成新时期国家安全和社会稳定的重要领域。特别是，由于网络信息技术发展迅速，而相关管理规范更新相对滞后，网络信息领域出现了诸多治理灰色地带。在网络安全方面，尽管我国已经于2016年出台了《网络安全法》，并于2015年通过《刑法修正案》补充了若干信息网络犯罪，但如何在信息社会、数字社会、虚拟社会中维持良好的社会秩序依然是新挑战。比如,视频监控、大数据分析等技术的广泛普及,但有关的管制规范相对滞后,人民的人身权、财产权与人格权无法得到有效保护。2015年,我国网络安全事件处理数高达75719件,政府加强治理后有所下降,2018年仍有37503件(图13)。在人工智能方面,目前无人驾驶研发与测试已经取得一些进展,但交通安全管理方面的法规体系略显滞后。

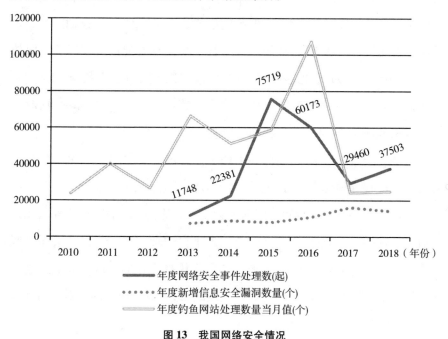

图13　我国网络安全情况

资料来源:WIND资讯行业经济数据库。

六、我国社会矛盾发展趋势及其应对

当前,我国正处于建立推进现代化的关键时期,由现代化进程与全面深化改革带来的矛盾多发态势仍将持续一段时间,传统的民主协商与大调解仍将是我国解决人民内部矛盾的主要方式,但非法形式社会矛盾占比上升、基层干部应对社会矛盾的高压环境亟待关注。

（一）现代化进程必然引发不稳定，矛盾多发高发态势短期难以改变

根据亨廷顿的理论，现代性产生稳定，而现代化进程会引发不稳定。[①]
国际经验也表明，经济增长并不必然带来社会稳定。改革开放以来，我国的
现代化进程与快速的经济增长、工业化与城镇化同步推进，但这期间社会矛
盾也多发易发。事实表明，经济增长对社会稳定具有促进与破坏的双向效
应。[②] 2016 年的各省数据表明，每万人口检察机关公诉的人数与人均 GDP
呈正相关关系，东部沿海省市经济发展水平很高，同时社会犯罪率也较高，
西部贵州、云南等经济增速较快地区的犯罪率也较高。

从社会矛盾总量来看，当前我国处于社会转型期，由于经济社会发展不
协调，各方面改革持续深入推进，社会矛盾依然呈多发高发态势。这些矛盾
多是城镇化与经济社会体制改革的社会成本。比如，城镇化、住房商品化改
革引发征地拆迁矛盾，用工制度改革引发下岗失业、劳资纠纷，社会保障制
度建设伴生历史遗留问题，军人退役安置与优抚工作的地区差异引发群体
性不满，农村产权制度改革伴生农村土地纠纷，工业化快速推进引发的环境
矛盾，等等。[③]

从社会矛盾的结构看，全国 9 市的居民抽样调查数据显示（图 14），
2016 年，我国居民遭遇的社会矛盾从高到低依次是环境类、就业失业类、社

---

① 参见塞缪尔·亨廷顿:《变革社会中的政治秩序》,华夏出版社 1988 年版。

② 参见胡鞍钢、王磊:《经济增长对社会稳定的双向效应》,《湖南社会科学》2005 年第
6 期。

③ 参见朱力、袁迎春:《正视基层干部对社会矛盾的忧虑心态——基于 602 名基层干部
的社会调查》,《国家行政学院学报》2017 年第 3 期。

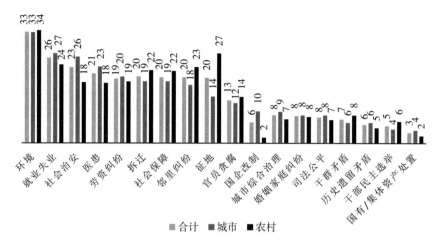

图 14 我国居民遭遇的社会矛盾类型

资料来源:2016 年 3—5 月全国九市(南京、合肥、宜宾、恩施、长沙、广州、西安、哈尔滨、昆明)社会矛盾问卷调查。①

会治安类、医患类、邻里纠纷类、社会保障类、拆迁类、征地类、官员贪腐类、城市综合治理类、婚姻家庭纠纷类、司法公平类等。其中遭遇环境类矛盾的占到被访者的 1/3,反映了新时期民众生活需求的拓展与权利意识的觉醒。而就业失业、社会治安、医患、社会保障、劳资类矛盾均涉及基本民生事项,征地拆迁则直接与地方经济发展及城镇化扩张相关。

(二)社会矛盾的激烈程度增强,非法形式社会矛盾占比相对上升

基于 1990—2010 年的数据表明,矛盾程度相对轻微的信访、民间纠纷、劳动争议、民事诉讼、行政诉讼等合法社会矛盾比重相对下降,而非法群体事件、违法与犯罪活动等冲突程度较严重的非法形式社会矛盾大幅增加,从1990 年的 30%上升到 2010 年的 55%,表明我国不仅社会矛盾数量呈高发

———————

① 朱力、袁迎春:《当前我国居民对社会矛盾的感知与解决方式——基于全国九市的问卷调查报告》,《国家行政学院学报》2018 年第 2 期。

增长态势,而且激烈程度也呈增强态势。①

(三)大调解在我国社会矛盾化解中发挥积极作用,基层干部应对社会矛盾的高压环境亟待关注

在居民层面,我国居民最终解决社会矛盾的前四种方式依次是请村(居)委会、社区干部调解(38%),找本地有威望的亲戚、熟人、朋友等调解(36%),与当事人直接协商解决(35%),找律师打官司(18%)。这说明,社区调解、亲朋调解、自己协商仍然是我国居民解决社会矛盾的首选方式。

在矛盾应对过程中,由于全面的社会矛盾压力、行政体制与群众压力,基层干部普遍对社会矛盾持忧虑心态,由此产生"不出事"的消极心态。基层干部是各项政策的具体执行者,处在矛盾的第一线,是化解社会矛盾的基本力量,应对其工作环境高度关注。其中,在行政体制压力方面,基层干部普遍反映当前存在"权力上行,责任下压"的权责不对等困境,上级指定过高的发展目标、下压违反政策要求与现实条件的任务,加之群众权利意识觉醒,对干部的要求越来越高,这些均增加了基层应对社会矛盾的风险。

七、我国社会治理环境展望及社会治理创新发展的建议

总的来看,我国社会治理面临正反两方面的环境。

从积极方面看,持续的经济增长为人民安居乐业、社会自我调节、政府治理能力提升奠定了物质基础。服务型政府建设、注重基层民主与协商民主的行政体制改革导向,为推进以人民为中心、畅通民意、寓管理于服务的

---

① 参见胡联合、胡鞍钢、魏星:《国家治理:社会矛盾的实证研究》,《新疆师范大学学报(哲学社会科学版)》2014年第6期;胡联合、胡鞍钢、王磊:《影响社会稳定的社会矛盾变化态势的实证分析》,《社会科学战线》2006年第4期。

社会治理提供了制度环境。我国中产阶层逐渐壮大,阶层结构向纺锤型发展,社会组织迅速壮大,社会稳定的结构更加稳固。网络信息技术为社会治理智能化提供了技术基础,提升了政府的社会管理能力。

从消极方面来看,发展过程中的不平衡问题以及经济增速的变化的影响将向社会领域传导。新中国成立后建立的国家与民众间紧密的组织化联系在弱化,基层政权的治理与服务半径加大,难以适应人民权利意识增强的现状。在向高收入国家迈进过程中,中产阶层增长缓慢、群众诉求结构的多元化对政府公共服务与社会管理能力构成挑战。大规模的人口流动对流入地流出地均构成社会稳定风险,老龄化持续加深可能带来代际性的利益冲突,人口出生率的持续走低将经由金融风险间接影响社会稳定。网络信息技术的大众化使得传统的管控式社会管理失效,便利了违法行为的开展,网络信息本身也成为治理的新兴地带。

当前,我国正处于建立推进现代化的关键时期,社会矛盾多发频发。为实现社会的充满活力与和谐有序,我们提出如下建议:

坚持发展是解决各种社会问题的关键,更加重视经济与社会的协同发展。注重经济发展目标与社会发展目标、经济发展政策与社会发展政策、行政管控手段与公共服务手段间的平衡,形成部门间既统一又互补的社会治理政策体系。适应主要社会矛盾的变化,经济社会发展要更大力度解决城乡、区域间发展的不平衡问题,提前研究经济增速变化对社会建设的影响并做好预案。

坚持简政放权、加强监管、优化服务,加强政府与民众间的基层组织化联系。进一步向地方放权,向社会放权,形成中央、地方、市场主体、社会组织等多方参与治理的合力。关注民众需求结构的变化,大力推进基本公共服务均等化,实现城乡间、区域间、部门间社会治理在信息、平台、举措、行动上的联动。加强公益性监管,依法打击社会治理领域各种主体的违法行为。重点发挥好基层党组织的民意反映与服务作用,培育基层社会组织,加强基层自治与文明理性对话能力的培训,建立政府与民众的稳定联系。

完善人力资本投资与配置、收入分配等领域的政策体系,促进社会流动与社会结构的优化。重点建立以常住人口为基础的幼儿、基础与高等教育招录体系,维护教育领域及公务人员招录使用的公平性,保证社会阶层流动的开放性。合理改革税制,优化转移支付结构,落实普惠金融政策,调节收入结构,培育壮大中产阶层,推动社会结构更快向纺锤型发展。

高度关注人口结构变化,研判其对社会治理的影响并做好预案。人口结构变化的影响相对间接但长远,不容忽视。重点建立人口流动与财政横向转移支付、公共服务编制横向调剂机制,推动流动人口市民化。定期监测各级社会保障收支情况,研判少子化、老龄化对金融体系、社会保障体系带来的系统性挑战,做好预案并及早研究政策举措。

充分利用现代信息技术服务社会治理,及时建立健全有关管理规范。重点推动政府部门间的数据共享与互联互通,与第三方机构合作,充分发挥电商平台、地理遥感数据、移动网络数据在治理中的作用。加强网络安全、网络电信诈骗、人工智能等领域的法律规范建设,保护人民生命、财产与人格安全。

坚持大服务大调解思路,正确解决人民内部矛盾。发扬枫桥经验精神,充分发挥人民调解、行政调解、司法调解的优势,鼓励调解类社会组织与个人开展社会服务,发展社区服务与社区自治,在大服务、大调解、大协商中化解人民内部矛盾。依法打击非法形式的社会矛盾。适当吸纳基层干部参与政策的制定与修改工作,增强政策操作性与科学性。优化社会治理维度考核工作,对合法维权与非法维权事件进行分类统计,避免"一票否决"式的一刀切,真正形成重视与关心基层干部的体制环境。

(李建伟、王伟进执笔)

推进社会治理现代化的重点、问题与建议

——全国政策咨询系统问卷调查情况(2018—2019)

党的十九大报告提出"打造共建共治共享的社会治理格局",十九届四中全会进一步提出"坚持和完善共建共治共享的社会治理制度",就推进"共建共治共享"的社会治理现代化进行了重要部署。在学界,共建共治共享被认为是建设法治社会、和谐社会的重要目标。① 无疑,推进共建共治共享成为当前社会治理的重点任务与基础性工作。

鉴于当前我国社会治理研究定量分析不足的现实,为深入了解我国社会治理创新发展状况,掌握地方政府对社会治理的看法,推进社会治理现代化,国务院发展研究中心公共管理与人力资源研究所分别于 2018 年 10 月在"第九届全国政策咨询系统干部研修班",以及 2019 年 5 月在"第二届新时代社会治理创新发展研讨会"上,集中对全国政策咨询系统人员进行了社会治理状况问卷调查。调查覆盖全国 31 个省级行政区、省会城市以及大连、青岛、宁波、厦门、深圳 5 个计划单列市的政府政策研究室或政府发展研究中心,共涉及 60 个机构 132 名政策咨询人员,较为充分反映了全国各省与主要城市政策咨询人员的看法。② 问卷调查结果显示,治安维稳与基层治理是当前社会治理的工作重点,社会治理追求社会和谐与活力的统一,受

---

① 参见张文显、徐勇、何显明、姜晓萍、景跃进、郁建兴:《推进自治法治德治融合建设,创新基层社会治理》,《治理研究》2018 年第 6 期。

② 两次调查除了个别人员基本无重叠。

访者对治安秩序与应急管理工作满意度较高。党的全面领导、在保障与改善民生中促进治理、依托调解协商解决社会矛盾、政社关系正从社会管理阶段向社会治理阶段过渡构成当前我国社会治理的重要特征。在政府治理侧与社会参与侧,在总体制度设计与分领域制度建设方面,我国社会治理均存在不足,未来治理面临结构性社会风险,社会治理现代化须继续加强政府治理改革、基础性治理制度建设与成功实践的制度转化。

一、推进社会治理现代化的重点领域与重点工作

推进社会治理现代化,须清楚社会治理的重点领域、任务及相关工作范畴。学者指出,党的十九大以来我国的社会治理主要包括正常状态下的风险治理与突发事件状态下的应急处置两类任务,随着社会转型的加速,防灾减灾救灾、安全生产管理、食药品安全、紧急医学救援、社会矛盾化解、社会安全事件等公共安全事项将日益成为社会治理的重要任务,同时网络社会治理、社会心理服务体系建设、基层社会治理也将成为社会治理的重心。我们的调查显示,当前我国社会治理的重点是治安维稳工作,但相关领域范围广泛。

(一)社会治理现代化的重点领域

地方政策咨询人员认为,社会治理主要是政法系统治安维稳与民政系统基层治理两方面业务。调查显示,提起社会治理,有44%的受访者首先想到的是综治维稳工作,有17%的受访者首先想到的是社会治安工作,治安维稳工作比重合计占到61%。同时,有20%的受访者首先想到基层政权和社区建设。另外,有11%的受访者想到民生保障工作(图1)。在中央的重要报告与决定中,民生保障与社会治理是相对独立的两部分,二者共同构成社会建设的内容。由于在保障与改善民生中维护社会稳定是我国社会治

理的重要经验,认为民生保障是社会治理工作的观念在我国具有普遍性。①

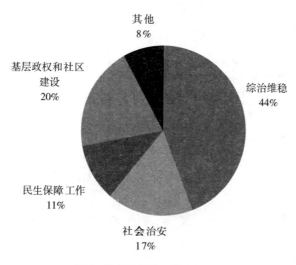

图1　提起社会治理首先想到的工作

(二)与社会治理现代化相关的重点工作

尽管社会治理主要是治安维稳工作,但社会治理涉及的领域范围非常广泛。如果用0—10分来衡量对社会治理工作的重要程度,得分最高的前三位依次是公正司法执法(9.0)、社会诚信体系(8.9)和食品药品安全(8.6),前两项涉及社会治理的基础制度和环境,食品药品安全涉及最广泛最基本的民生诉求。其他被认为对社会治理较为重要的工作涉及民生事业(8.4)、民主政治(8.4)、社区治理(8.4)、安全生产(8.3)、发展经济(8.2)、文化建设(8.2)、社会治安(8.2)、家庭建设(8.2)乃至生态文明(8.1)。除了社区治理、安全生产、社会治安是明确的社会治理事务外,其他选项表明

---

① 参见田发、周琛影:《社会治理水平:指数测算、收敛性及影响因素》,《财政研究》2016年第8期;王伟进、焦长权:《从矛盾应对走向矛盾预防——从财政支出看我国社会治理的演变趋势》,《财政研究》2019年第9期。

社会治理与经济、政治、社会、文化、生态建设均紧密相关(图2)。现代社会风险的遍及性以及民生需求的多元性决定了社会治理工作牵涉范围广大。

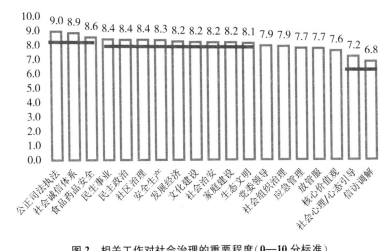

图2　相关工作对社会治理的重要程度(0—10分标准)

(三)社会治理现代化的目标追求

党的十八届三中全会提出,要确保社会既充满活力又和谐有序,社会活力和社会秩序构成社会治理目标的两个面向。① 地方政策咨询人员如何理解二者的内涵? 调查显示,社会活力更多被认为是社会参与度高(30.5%)、阶层流动性好(12.2%)、社会信任度高(10.7%)、社会组织发达(9.2%)、社会创新活跃(9.2%)、创新创业机会多(7.6%)、人尽其才各得其所(7.6%)。在社会参与方面,有超过1/3的受访者在过去一年内有志愿者经历。社会秩序更多被认为是法律和道德规范得到很好遵守(31.8%)、社会治安环境好(21.7%)、社会信任度高(14.7%)、社会认同度高(9.3%)(表1)。概括来看,社会活力意味着更多的社会主体与社会参与,更多的阶

----

① 参见李兰、王伟进:《推进市域社会治理现代化的认识与建议》,《国务院发展研究中心调查研究报告专刊》2019年第96期。

层流动、社会创新,高度的社会信任以及合理的人才使用。社会秩序首先意味着社会规范的有效与治安环境的良好,同时意味着人们相互信任且对社会整体的认同感高。这其中,高社会信任被认为既是社会活力的源泉,又是社会秩序的基础,具有基础性地位。

表 1 最能反映社会活力与社会秩序的表述

社会活力	%	社会秩序	%
社会参与度高	30.5	法律和道德规范得到很好遵守	31.8
阶层流动性好	12.2	社会治安环境好	21.7
社会信任度高	10.7	社会信任度高	14.7
社会组织发达	9.2	人尽其才,违法犯罪案件少	14
社会创新活跃	9.2	社会认同度高	9.3
创新创业机会多	7.6	群体事件发生率低	2.3
人尽其才各得其所	7.6	市场秩序有序	1.6
志愿风气浓厚	3.1	社会言论较为整齐	1.6
人口迁移流动活跃	3.1	其他	1.6
共享互助活动多	2.3	信访上访率低	0.8
应急动员速度快	2.3	家庭婚姻关系和谐	0.8
慈善捐赠行为多	0.8		
人际交往互动多	0.8		
社会资本丰富	0.8		

对于社会治理的理想状态,受访者用来描述的词中最多的是和谐有序、法治、公平公正、共建共治共享、平等自由、安居乐业、活力、协同参与等,体现了秩序与活力、治理与服务、结果与过程的统一。

二、当前我国社会治理的总体成效与满意度

党的十八大以来,我国不仅提出了社会治理的基本理论框架,而且在政

府治理、社会组织治理、社会自治、综合治理等领域进行了一系列的理论、制度与实践创新,形成了既充满活力又和谐有序的社会治理新局面。[①] 具体到社会治理的各个方面,问卷调查显示,地方政府政策咨询人员充分肯定我国社会治理来自政府侧的主动变革,对维持治安秩序及应急管理满意度较高,同时清醒认识到我国社会治理尚有较大提升空间。

(一)近年我国社会治理工作的重要进展

我国社会治理的主要进展来自政府自身适应治理需要的变革。受访者认为,我国社会治理进展最大的前四个方面依次是:政府社会管理理念的更新(37.7%)、社会治安综合治理的改善(17.7%)、政府社会治理能力的提升(16.9%)以及社区基层自治水平的提升(15.4%)。这里,社会管理理念更新、社会治理能力提升均源自政府自身的变化,社会治安状况改善是体现在结果上的进展。相对而言,受访者对我国社会组织的快速发展(5.4%)、社会矛盾的有效预防化解(2.3%)方面的进展评价不高(表2)。

表 2   我国社会治理进展最大的方面   (%)

政府社会管理理念的更新	37.7
政府社会治理能力的提升	16.9
社会组织的快速发展	5.4
社区基层自治水平的提升	15.4
社会治安综合治理的改善	17.7
社会矛盾的有效预防化解	2.3
其他	4.6

在政府社会管理理论方面,进展主要体现为社会治理、共建共治共享、

---

① 参见张来明、李建伟:《党的十八大以来我国社会治理的理论、制度与实践创新》,《改革》2017 年第 7 期。

乡村"三治"结合理念的提出。改革开放以来社会治理最大的理论创新被认为依次是:从社会控制、社会管理到提出社会治理(26.4%),提出打造共建共治共享的社会治理格局(17.8%),提出法治、德治、自治相结合(13.2%),提出政府治理、社会自我调节与社区自治互动(11.6%),提出社会治理重心向基层社区下移(10.1%)。相对而言,坚持党的领导(4.7%)与以人民为中心的思想(7%)更多被视为是新中国社会治理的重要传统(表3)。

表3　我国社会治理重要的理论与制度创新

最大的理论创新	%	影响最深远的文件	%
从社会控制、社会管理到提出社会治理	26.4	十六届四中全会关于加强和谐社会若干重大问题的决定	7.6
提出社会治理重心向基层社区下移	10.1	十八届三中全会关于全面深化改革若干重大问题的决定	28
坚持党的领导	4.7	十八届四中全会关于全面推进依法治国若干重大问题的决定	32.6
提出法治、德治、自治相结合	13.2	十九届三中全会关于深化党和国家机构改革的决定	8.3
提出打造共建共治共享的社会治理格局	17.8	关于深入推进城市执法体制改革改进城市管理工作的指导意见	4.5
提出系统治理、依法治理、源头治理、综合治理的方式	9.3	关于加强乡镇政府服务能力建设的意见	5.3
提出政府治理、社会自我调节与社区自治互动	11.6	其他	13.6
以人民为中心的思想	7		

政府治理理念的更新与能力的提升须落实到依法治国、全面深化改革、党政机构改革与和谐社会建设方面的制度设计。受访者认为,对我国社会治理创新影响最深远的文件依次是:党的十八届四中全会通过的《中共中央关于全面推进依法治国若干重大问题的决定》(32.6%)、十八届三中全会通过的《中共中央关于全面深化改革若干重大问题的决定》(28.0%)、党

的十九届三中全会通过的《中共中央关于深化党和国家机构改革的决定》
(8.3%)、党的十六届四中全会通过的《中共中央关于构建社会主义和谐社
会若干重大问题的决定》(7.6%)(表3)。

(二)对社会治理各领域及相关工作的满意度

受访者对社会治理领域满意度较高的有社会治安(70%)、社会秩序
(55%)、应急管理(52%)、依法治国(43%)、安全生产(43%),满意度较低
的有食药品安全(13%)、社会信任(18%)、社会公平(21%)、社会参与
(22%)。可见,社会秩序维持与应急响应能力得到充分肯定,而基础性的
社会信任建设及基本性的食药品安全领域尚需加强治理创新。

社会秩序的维持依赖于公共服务的完善,依赖于社会保护体系的完善。
从与社会治理相关的民生事项看,满意度较高的有社会保障(38%)、就业
(34%),不满意度较高的有食药品安全(41%)、教育(38%)、住房(38%)、
医疗卫生(35%)、社会信任(35%)、收入分配(30%)、养老(29%)(图3)。
整体上,这些结果与2017年调查保持了一致。可以预计,在人们对美好生
活的向往越来越强烈的情况下,未来社会稳定有待政府在食药品安全、教
育、住房、医疗卫生保障等方面作出努力。

(三)我国社会治理尚有进一步提升空间

调查显示,有36%的受访者对我国社会治理的状况表示满意,有11%
明确表示不满意,绝大多数(53%)处于满意与不满意之间,这表明要提升
人们对我国社会治理状况的主观感受尚有提升空间。近年来,我国已经成
为世界上少数几个社会治安状况较好的国家之一,这在命案发生率上表现
得尤为突出,表明我国社会治理取得了突出成效。调查结果也显示,有
24.8%的受访者认为我国社会治理成效好于欧美发达国家。尽管如此,仍
有28.7%的受访者认为我国社会治理的成效较之欧美发达国家尚有距离

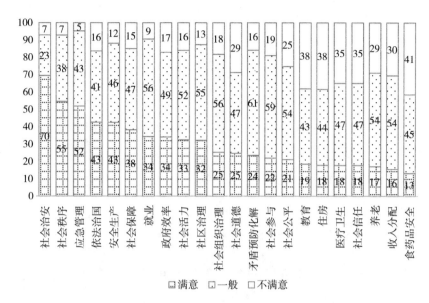

图3　对我国社会治理与民生事业方面的满意度评价(%)

(图4)。具体到世界上哪个国家的社会治理经验最值得我国学习,超过四
成(42.5%)的受访者选择了新加坡,近三成(29.2%)的受访者选择了日
本,再其次是美、德、英、法、澳等传统欧美发达国家(12.5%),另有10%的
受访者选择了北欧国家模式。如此高的受访者选择新加坡与日本,或许与
同属儒家文化圈、同属强政府社会、同属追赶型国家有关。

　　从财政投入角度看,受访者普遍认为我国社会治理财政支出占公共财
政支出比重较大。其中,有34.5%的受访者认为社会治理类财政支出占公
共财政支出的比重介于5%和10%之间,有28.4%的认为介于10%和20%
之间①,还有23.3%的认为占比超过了20%,只有13.8%的受访者认为占比
在5%以下(图5)。这表明受访者整体认为我国社会治理方面的财政支出
较大,投入绩效有待进一步提高。

――――――――――

　　①　根据我们的测算,2008—2017年,我们社会治理财政支出实际占公共财政支出的比
重在7%—10%。

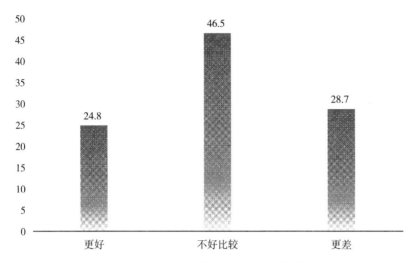

图 4 我国社会治理成效与欧美发达国家的比较(%)

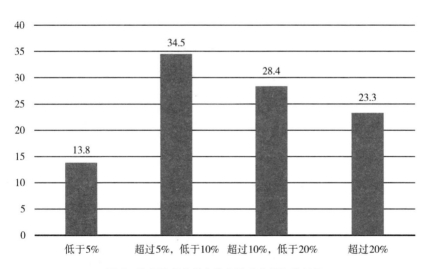

图 5 社会治理支出占公共财政支出比重(%)

三、新中国成立七十年我国社会治理的突出经验

新中国成立七十年来,我国不仅创造了经济快速发展的奇迹,同时也创造了社会长期稳定的奇迹,成为世界上最为安全的国家之一,这显然得益于我国治理的制度优势。一些学者提出,我国社会治理的重要经验是没有效仿和照搬西方发达国家模式,而是在实践过程中发现与运用了社会治理深度转型的三大机制,即来自具体问题与压力的倒逼机制、了解人民需求基础上的预期引领机制、在各种困境中大破大立的转危为安机制。① 具体到我们的问卷调查,结果显示"中国之治"的突出经验表现在中国共产党的全面领导、在保障与改善民生中促进治理、通过调解协商化解社会矛盾等方面。

(一)中国共产党的全面领导

党的全面领导与强大的政府能力是社会治理的基础。对于中国特色社会主义社会治理较之其他国家最大的特点,受访者认为排在前三位的依次是:中国共产党的全面领导(58.9%)、以人民为中心(16.3%)和强大的政府基础能力(13.2%)。这一结果充分反映了我国社会治理"党委领导、政府负责"的特征。制度上,党委领导是我国社会治理体制的第一条,社会治理的许多工作由党委的政法委系统牵头;基层实践上,党建引领在城乡社区治理、社会组织治理中均发挥了重要保障作用。②

(二)在保障与改善民生中促进治理

对于近些年我国社会治理最重要的社会治理经验,有43.4%的受访者

① 参见李友梅:《当代中国社会治理转型的经验逻辑》,《中国社会科学》2018年第11期。

② 参见张来明:《中国社会治理体制历史沿革与发展展望》,《社会治理》2018年第9期。

认为是在保障与改善民生中促进社会治理,有19.4%的受访者认为是坚持党的领导,有14%的受访者认为是实现社会治理重要负面指标的一票否决制,还有12.4%的受访者认为是坚持发展优先地位与坚持以经济为中心(图6)。我国各地实践也表明,治理方式服务化正成为我国当前社会治理实践创新的重要趋势。[①] 总体上,我国社会治理体现了治标与治本的结合,具有寓治理于发展的鲜明特征。

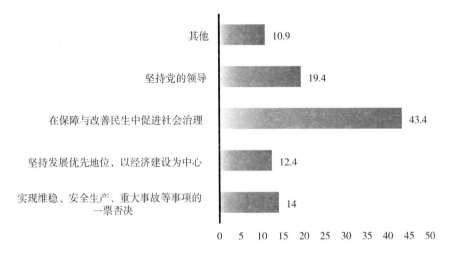

图6 我国社会治理最重要的一条经验(%)

(三)主要通过调解协商解决社会矛盾

人们解决矛盾纠纷的方式受到社会文化与制度特征的影响。面对日益复杂的社会冲突,我国选择了不同于法律吸纳和刚性压制的方式,而是通过柔性的调解机制来主动疏导社会矛盾。[②] 调查显示,有41.5%的受访者认

---

① 参见王伟进:《当前我国社会治理实践创新的趋势与挑战》,《社会建设》2019年第6期。

② 参见岳经纶、庄文嘉:《国家调解能力建设:中国劳动争议"大调解"体系的有效性与创新性》,《管理世界》2014年第8期。

为调解是我国解决社会矛盾最有效的方式,有 20%的受访者认为自行协商
最有效,只有 16.9%的受访者认为行政复议、裁决或者诉讼最有效,另有
14.6%的认为诉诸媒体与网络方式最有效。这些表明,调解协商仍是我国
社会矛盾纠纷化解的最有效方式,行政与司法渠道有待进一步改革创新,依
法治国的氛围有待全面提高,而媒体与网络已经成为当前重要的问题反映
与情绪释放的渠道,开始发挥社会监督与"安全阀"的作用。

四、当前我国社会治理存在的问题与挑战

我国社会治理已经取得了显著的成就,但仍然面临诸多困难。研究指
出,全国社会治理共性的问题涉及理论认识、顶层设计、治理能力等方面,同
时东中西部间存在较大的区域差异,增加了社会治理的复杂性。① 未来我
国还面临经济风险向社会领域传导、收入差距拉大、人口老龄化冲击、网络
与技术治理等重要风险。② 问卷调查显示,当前我国社会治理面临政府治
理现代化水平不够、基本法律法规不完善、公众与社会参与不足、基层治理
组织边界不清、各类社会矛盾仍很突出等治理难题,未来诸多潜在治理风险
有待提前防范。

(一)政府治理现代化水平不够

受访者认为,我国社会治理领域最大的问题是政府职能转变不到位
(23.4%),其次是政府决策欠科学(12.5%),再次是缺乏统一的协调机构
(10.2%)(图 7)。无论是转变政府职能,还是推进政府科学决策,还是优化
对社会治理工作的领导与协调,均涉及政府治理本身现代化水平的不足。

---

① 参见李建伟:《我国社会治理的主要问题与区域特征》,《山东财经大学学报》2019 年
第 3 期;王伟进:《当前我国社会治理实践创新的趋势与挑战》,《社会建设》2019 年第 6 期。
② 参见李建伟、王伟进:《提速新时代中国社会治理创新》,《瞭望》2018 年第 52 期。

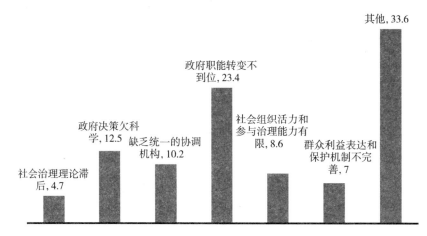

图7 我国社会治理领域最大的问题(%)

可见,将社会治理理念落实到实践中仍须政府侧加大治理改革力度。

政府治理在很多时候涉及政社关系的优化。调查显示,当前我国政社关系尚处于管理—被管理阶段,朝着主导—协同方向发展。治理理念伴随政府失能与市场失灵而出现,意味着政府与市场、社会关系的深刻调整。一般而言,治理背景下政府与社会的关系更多体现为协同、共同参与和合作关系。十八届三中全会以来,尽管我国社会治理理念得到广泛宣传推广,当前仍有59.1%的受访者认为我国政府与社会是管理—被管理关系,另有15.7%的受访者甚至认为是控制—被控制关系,只有1/4的受访者认为是主导—协同、牵头—参与或合作伙伴关系(图8)。这意味着我国的政社关系一定程度上还停留在社会管理阶段,滞后于社会治理实践。面向未来,数据显示,有55.1%的受访者认为我国政社间将会是主导—协同关系,分别有16.5%和11.8%的受访者认为会是牵头—参与、合作伙伴关系(图8)。在认为当前是管理—被管理关系的受访者中,有62.2%认为未来的发展方向是主导—协同式的,有17.6%认为是牵头—参与式的;在认为当前是控制—被控制关系的受访者中,分别有20%、35%、15%和25%认为未来发展方向是管理—被管理、主导—协同、牵头—参与、合作伙伴式的(表4)。可以预计,未来新型的政社关系将更有利于治理创新的推进。

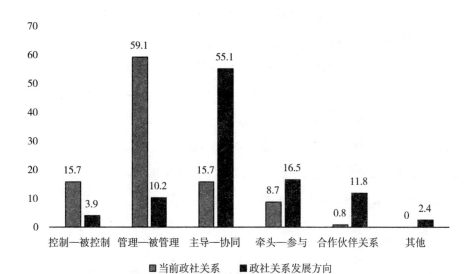

图8 我国政社关系的现状与发展方向(%)

表4 我国政社关系的现状与未来发展方向

(%)

当前我国政府—社会关系最接近的情形	我国政府—社会关系最可能的发展方向						
	控制—被控制	管理—被管理	主导—协同	牵头—参与	合作伙伴关系	其他	合计
控制—被控制	5	20	35	15	25	0	100
管理—被管理	5.4	6.8	62.2	17.6	6.8	1.4	100
主导—协同	0	10	60	15	15	0	100
牵头—参与	0	0	45.5	18.2	18.2	18.2	100
合作伙伴关系	0	100	0	0	0	0	100
合计	4	9.5	55.6	16.7	11.9	2.4	100

（二）社会治理基本法规不完善

调查显示,社会治理总体设计、基层治理、矛盾化解类法规制度还不完善。有22.8%受访者认为法治保障是当前我国社会治理体制的短板(图10)。受访者认为,我国社会治理法规制度最不完善的方面是社会治理总体设计类(30.5%),其次是基层治理类(25.8%),再次是矛盾化解类(22.7%)以及网络治理类(12.5%)(图9)。这些结果与当前我国社会治理实践的困境相一致。比如,政府部门多头治理困境突出,基层政权、基层党组织、自治组织关系有待进一步规范,社会矛盾化解工作有待进一步制度化与法治化,网络空间治理有关法律规章滞后等。

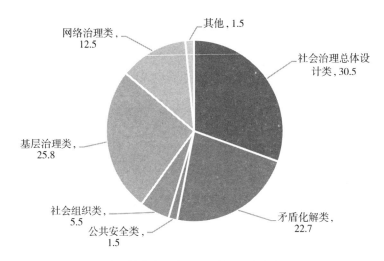

图9 我国社会治理法规制度最不完善的方面(%)

（三）公众与社会参与治理不充分

"党委领导、政府负责、社会协同、公众参与、法治保障"是我国社会治理的基本体制。就进展而言,受访者认为,当前我国社会治理体制成就最大的是党委领导(49.6%)与政府负责(22%),而最大的短板在公众与社会力量参与方面,其中,选择公众参与的占52%,选择社会协同的占18.9%,二者合计占70.9%(图10)。

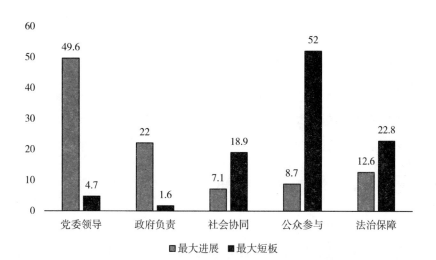

图10 我国社会治理体制最大的进展与最大的短板(%)

社会组织参与治理是社会协同与公众参与的重要途径。数据显示,我国社会组织治理面临一些基本困境,突出表现为缺乏社会组织基本监管法规(32.3%)、参与治理渠道有限(22%)和社会组织自身能力不足(17.3%),而非政府资金、税收、人才等配套支持不到位(8.7%)。可见,要补社会与公众参与的短板,紧迫的是出台社会组织基本监管法规、赋予社会组织参与治理的制度化渠道。

(四)基层治理的组织权责边界不清

基层自治存在的最大问题依次是基层党、政府和自治组织关系边界不清(26.8%),社区挂牌多、盖章事项多、行政事务多(22%),公众与社会力量参与不充分不积极(22%),社区工作人员短缺、素质低(17.1%),资金、公共空间等社区治理资源缺乏(9.8%)。

具体到城市治理,受访者认为当前最大的问题也是基层政权、党、自治组织权责边界不清(21.2%),其次是流动人口管理服务难(10.6%)、公共服务和基础设施落后(10.6%)、人际关系淡漠(9.8%)和社会心理健康状况堪忧(9.8%)。这里尤其值得关注的是,人际关系淡漠、压力大、心理健康状况堪忧等问题开始凸显,应引起重视。

在农村,乡村治理面临的最大问题是人口空心化(32.6%)和乡村产业不兴(14.4%),人口与产业的双重空心化使得乡村治理陷入恶性循环的困境。其次是基层政权、党、自治组织权责边界不清(12.9%)以及村干部履职不到位或者腐败(10.6%)。

(五)各类社会矛盾仍然很突出

土地、社保、环保构成当前社会矛盾突出领域。调查显示,当前我国社会矛盾最突出的是征地拆迁及其他土地纠纷(29%),其次是社会保障类(17.6%)、环境保护类(16%)、医疗卫生类(13%)(图11)。这些牵涉民众切身利益与需求,是当前改革不断深化的领域,这进一步表明发展好民生、维护好人民利益是做好社会治理工作的根本。

(六)未来面临六个方面的风险挑战

未来我国社会治理面临的挑战主要来自经济社会结构转型引发的风险。受访者认为,挑战首先是来自大规模人口流动及伴生的乡村空心化导致的稳定风险(20%),其次是人口老龄化对经济社会带来的冲击(18%)以及收入和财富两极分化可能引发的社会矛盾冲突(16%)。此外,社会治理法治化难(15%)、房地产泡沫破灭等经济风险(8%)、技术变革带来的社会风险(5%)也被认为会对未来社会治理构成挑战(图12)。

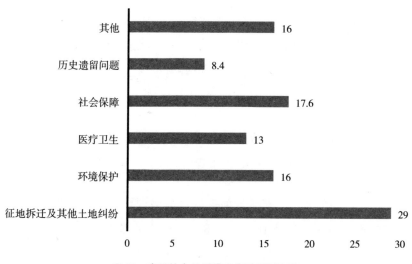

图11 我国社会矛盾最突出的领域（%）

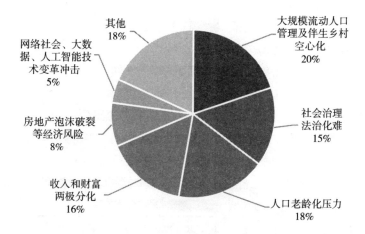

图12 未来我国社会治理最大的挑战（%）

五、推进我国社会治理现代化的政策建议

党的十九届四中全会指出,必须加强和创新社会治理,完善党委领导、

政府负责、民主协商、社会协同、公众参与、法治保障、科技支撑的社会治理体系,建设人人有责、人人尽责、人人享有的社会治理共同体,确保人民安居乐业、社会安定有序,建设更高水平的平安中国。这为推进我国社会治理现代化提供了基本工作框架与思路。为更好贯彻落实这一重大部署,结合问卷调查结果和以上讨论,我们提出如下政策建议。

(一)社会治理现代化应推进社会治理基础制度建设

受访者认为社会治理现代化最为关键的是建设法治社会(46.8%)和提升公民素质(15.3%)。对于如何推进社会治理现代化,有59.4%的受访者提出应建立多元共治体制,有57.8%的受访者提出要全面推进依法治国,另有44.5%的受访者提出要完善多方监督机制(图13)。

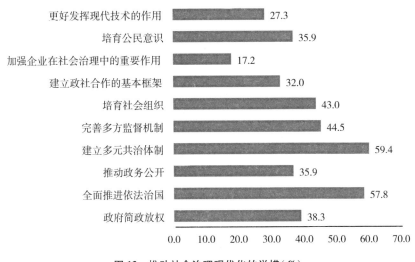

图13　推动社会治理现代化的举措(%)

这些主张意味着社会治理现代化需要基础性的制度支撑,对此我们的建议主要是两个方面:一是推进社会治理工作与事务的全面法治化,形成多元参与、多方监督、齐抓共管的共建共治共享体制,特别是加强社会治理总体设计、基层治理、社会矛盾预防化解、社会组织以及社会治理财政投入绩效管理方面的基本法规创制,以法制保障治理;二是全面培育与激励公民素质的提升,重要的是加强国民基本素养教育、建立现代诚信体系与加强积极平和的社会心理建设。

(二)继续推进政府自身治理水平与能力的提升

被访者认为,打造符合社会治理现代化需求的政府,应建立有效机制、真正发挥社会力量作用(23.8%),建设阳光政府、提高透明度(23%),厘清政府职能、明晰职责分工(20.6%)(图14)。上述分析也表明,我国社会治理最大的问题依然在政府侧。因此,需进一步转变政府职能、深化放管服改革,优化政府机构设置与职能分工,特别是优化基层治理机构与编制设置,增强政府透明与开放程度,提升政府治理能力。具体建议包括以下四个方面:

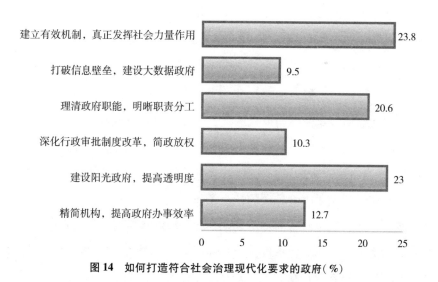

图14 如何打造符合社会治理现代化要求的政府(%)

一是积极总结各地社会治理统筹协调方面的经验探索,建立党委统一领导、部门分工明确、社会协同参与的社会治理工作机制。我国社会治理工作主要涉及政法与民政两大系统,前者更多体现为社会秩序维度,后者更多体现为社会活力维度,各有侧重但均不全面。数据显示,可考虑借鉴地方已有探索,由党口成立社工委、社治委等机构来牵头统筹(图15)。

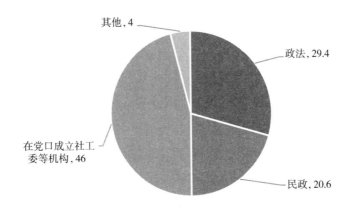

图15 我国社会治理工作理想的牵头协调机构(%)

二是建立界限清晰、分工明确、良性互动、协同共治的基层政权组织、党组织、自治组织与其他经济社会组织的关系,充分调动基层政府与社会两方面的积极性。

三是畅通政府与群众的多样化沟通渠道,推动政府决策的开放性。充分利用现代通信技术便捷与群众的交流,不断完善信访制度,鼓励干部多下基层了解一线民生诉求与社会矛盾冲突(图16)。不断增强公共政策的社会参与,提高决策过程的民主协商性,提高决策公开透明度,形成社会共识,避免因不科学不民主决策导致的社会矛盾。

四是在加强安全监管前提下,充分依托大数据等现代化信息技术提升政府治理能力。对于大数据等现代信息技术在社会治理中应用的态度,受访者大多持支持态度(49.2%),认为极大提升了政府社会治理能力,应大力推广;一部分人(30.5%)认为现代信息技术容易被商业利益驱使,存在较大安全隐患,应加强规范管控;另有10.2%的受访者认为侵害了个人隐

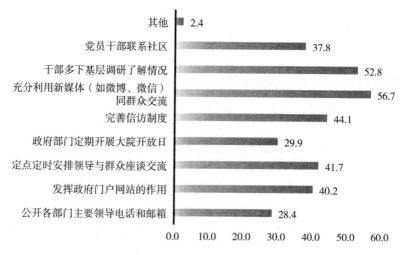

图 16　政府加强与群众交流的方式（%）

私，应适度控制，有 5.5% 的受访者认为不应迷信技术（图 17）。

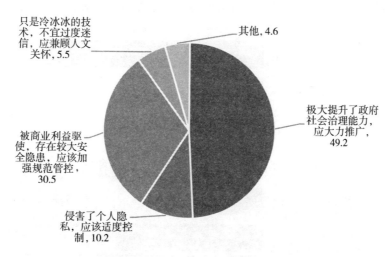

图 17　对大数据等现代信息技术在社会治理应用中的态度（%）

（三）坚持在发展中促进治理，及早预防与应对治理风险

正确处理改革、发展与稳定的关系，在经济发展中、在保障与改善民生

中推动治理创新是我国实践探索出的成功经验,应该继续坚持,不断在经济发展过程中满足基本民生需求、优化收入分配、提升公民素质、增强社会创新活力,推进契约化现代诚信社会建设。同时,应针对人口向中心城市大幅集中、人口老龄化、收入与财富两极分化等风险进行及早干预,为社会长期和谐有序奠定基础。

(四)及时总结各地创新实践并不断转化为制度

一个地方社会治理工作得到重视,最重要的是经济社会整体发展水平高(47.3%),其次是考核指挥棒指引或上级领导有指示要求(17.8%),因此我国社会治理实践各地发展水平差异巨大,一些地方相对较早进行了有益的实践探索。其中,大数据+社会治理(21.7%)、政社互动/三社联动(19.4%)、乡贤民约再造(15.5%)等实践创新被认为具有普遍意义(图18),可以进行适度总结推广,将实践创新转化为制度创新。

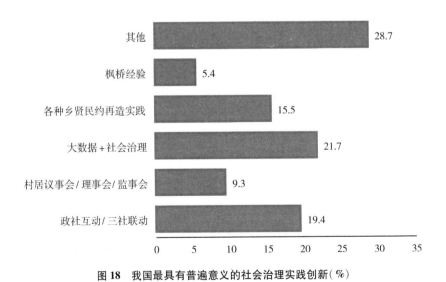

图18 我国最具有普遍意义的社会治理实践创新(%)

(李建伟、李兰、王伟进执笔)

经济建设与乡村治理

新时代农村土地制度改革与
乡村社会治理的对策

农村土地制度是农村一切制度的重要基础,农村土地制度改革是实施乡村振兴战略的重要内容,是推动我国农村生产、生活方式改变的基础性改革。农村土地制度的改革将对我国乡村社会产生深层次的影响,将给我国乡村社会治理带来新挑战。本研究将梳理我国农村土地制度的发展脉络,把握新时代我国农村土地制度改革的重点与方向,并针对农村土地改革对乡村社会治理提出的新要求,给出乡村社会治理应关注的重点和政策建议。

一、中国农村土地制度演进与新时期改革重点

新中国成立前,我国农村土地制度经历了漫长的封建土地私有制进程。新中国成立后,我国农村土地制度的变迁是一个不断给农民赋予更多土地权能的过程,也是不断适应经济社会发展持续优化土地产权和土地资源配置的过程。尤其是党的十八大以来,在家庭承包经营制基础上,对农村宅基地、集体经营性建设用地和其他农村土地的权能进行了全新突破,大大促进了乡村振兴和城乡融合发展。

(一)新中国成立前我国乡村土地制度的演进

新中国成立前,我国经历了原始社会时期、奴隶社会时期和封建社会时

期,其土地制度也经历了相应的变化。在原始社会时期,实行原始群落土地公有制,土地供群落成员共同利用。进入氏族制度时期后,形成了土地氏族公社内容公有制。奴隶社会时期,实行的也是土地共有制,作为基本生产资料的土地连同奴隶本身都隶属于奴隶主,但随着私田开垦数量和规模的扩大,土地私有化逐步出现。自秦商鞅变法到新中国成立之前,我国农村土地实行的是封建土地所有制,包括封建国家土地所有制、地主土地所有制和自耕农土地小私有制,其大部分土地归地主所有,土地使用实行租佃制,农村土地买卖、兼并、转让、出租、抵押成为普遍现象,土地集中和贫富差距问题十分突出,农村土地问题成为社会矛盾的焦点。

(二)新中国成立后至党的十八大之前我国乡村土地制度的演进

新中国成立后,为解决农村土地问题,我们进行了持续的改革突破,不断优化农村土地资源机制,有力促进了农村经济社会的协调发展。1949—1952年,实行了全国性的土地改革,我们把封建土地所有制改革为农民私有制,农村几千年来第一次真正成为土地的主人,大大激发了农民劳动积极性。1953—1956年,为了农业合作的需要,我们把农民土地私有制改为农民私有、集体统一经营使用的土地制度,当时在一定程度上有效提升土地利用效率。1957—1978年,经历了"人民公社化运动""三级所有、队为基础"两个阶段后,"农民私有、集体统一经营使用"的制度改为"集体所有、统一经营使用"的制度。1978年,以安徽省凤阳县小岗村的"生死契约"为标志,"集体所有、统一经营使用"的制度转变为"集体所有、家庭为单位分散劳动"的"家庭联产承包责任制",也叫作"家庭承包经营制",大大提升了农民生产经营的积极性,推动了我国农村经济的发展,也拉开了我国改革的帷幕。1984—2008年,经过一系列制度和政策文件出台,农村土地承包经营权期限从15年逐渐向"长久不变"演进,以"长久不变"为核心内容的一系列政策实施,给广大农民吃了一颗定心丸。2008—2012年,国家鼓励发展新型农业生产合作社,鼓励土地向种粮大户和种田能手流转集中,对承包地的所有权、承包权和经营权制定了更为详细的分离措施,承包地流转、租赁、转包等逐渐放开,我国农村土地制度进入一个动态稳定期。

(三)新时代农村土地制度改革重点与方向

党的十八大以来,我国农村土地改革进入一个新阶段,在继续关注农村承包地的基础上,加快了对农村集体经营性建设用地、宅基地和"四荒地"等方面的改革步伐,农村土地权能改革进入全面深化改革期,但坚持集体所有制和防止农用地"非农化"成为农村土地制度改革不可触碰的红线和高压线。当前和今后一个时期,我国农村土地制度改革的重点涉及承包地、集体经营性建设用地、宅基地及土地征收四个方面,其中承包地、集体建设用地和宅基地被称为农村"三块地",土地征收制度改革、集体经营性建设用地入市和宅基地制度改革被称为农村土地制度改革"三项试点"。农村土地改革的主线是"还权赋能",即赋予农民更多财产权利和更好保护农民合法权益,增强农民在土地收益中的议价能力和分享能力。

1. 农村承包地的改革重点是实现所有权、承包权、经营权的"三权"分置

承包地主要是指农业用地,是农民的主要生产资料,是我国农民的基本生产生活保障,关系着我国的粮食安全和国家长治久安。随着我国城镇化和经济社会的发展,承包地的分散化、碎片化严重影响了我国农业生产效率的提升。在我国家庭联产承包责任制的基础上,承包地所有权、承包权和经营权"三权"分置的改革应运而生,其核心是落实集体所有权,稳定农户承包权,放活土地经营权,允许经营权通过市场竞争、流转、抵押,形成"集体所有、家庭承包、多元经营"的新型农业经营机制。承包地"三权"分置实施以来,大大提升了我国农业产业化、规模化、专业化水平和效率,为国家粮食

安全和农民福祉起到了较强的促进作用。

党的十九大报告指出,完善承包地"三权"分置制度,保持土地承包关系稳定并长久不变,第二轮土地承包到期后再延长三十年。保证承包地政策的长期稳定,坚定了土地承包者的信心,解决了农用地经营主体的后顾之忧,增强了农业产业化的吸引力。从承包权中分离出可以流转、抵押、贷款的经营权,增加了承包地的资本活性,拓宽了农民财产性收入的渠道,进一步增强了农业产业化经济发展的活力。

2019 年中央 1 号文件进一步明确指出,保持农村土地承包关系稳定并长久不变,并要求相关部门研究出台配套政策,实现政策衔接平稳过渡。重点是完善落实集体所有权、稳定农户承包权、放活土地经营权的法律法规和政策体系,确保完成承包地确权、登记、颁证,促进承包地规范流转,为发展多种形式的农业适度规模经营做好土地保障工作,并允许和促进承包地经营权的担保融资,促进承包地与资本市场接轨,为现代农业经济不断注入新活力。

2. 集体经营性建设用地的改革重点是实现与国有土地"同地同权同价",建立城乡统一的建设用地市场

农村集体经营性建设用地是指农村现有的存量集体建设用地中,在符合土地利用总体规划和城乡规划的基础上,用于生产经营的土地,如用于工业生产、商贸流通、旅游休闲、养生养老等的建设用地。

集体经营性建设用地改革的重点是其无须经国有化征收程序直接入市,进入城乡统一的土地市场,其本质在于"还权赋能",即归还集体成员共有财产的权利,赋予集体经营性建设用地出让、租赁、入股等与国有建设用地相同权能,并以一整套交易规则、交易程序、监管制度作为支撑,实现在符合规划、用途管制和依法取得的前提下,与国有建设用地"同等入市、同权同价"。

赋予集体建设用地与国有建设用地同等权能,将集体经营性建设

用地纳入国有建设用地进行公开交易,实现城乡土地平等如是、公平竞争,可以激发农村土地资源活力,培植和提升社会和市场对乡村投资建设的信心,增加乡村振兴的资金来源渠道,提高村集体和农民财产性收入。

集体建设用地入市的步伐会持续加快。《国务院关于农村土地征收、集体经营性建设用地入市、宅基地制度改革试点情况的总结报告》(以下简称《农村土地制度三项改革试点》)建议,对土地利用总体规划等法定规划确定为工业、商业等经营性用途,并经依法登记的集体建设用地,允许土地所有权人通过出让、出租等方式交由单位或者个人使用,集体经营性建设用地使用权的最高年限、登记等规则参照同类用途的国有建设用地执行。

乡村建设用地整治、整合、调节力度会继续加大。2019 年中央 1 号文件明确指出,在修改相关法律的基础上,完善配套制度,全面推开农村土地征收制度改革和农村集体经营性建设用地入市改革,加快建立城乡统一的建设用地市场。允许在县域内开展全域乡村校舍、厂房、废弃地等整治,盘活建设用地重点用于支持乡村新产业新业态和返乡下乡创业。严格农业设施用地管理,满足合理需求。扎实开展新增耕地指标和城乡建设用地增减挂钩节余指标跨省域调剂使用,调剂收益全部用于巩固脱贫攻坚成果和支持乡村振兴。

3. 宅基地改革的重点是实现所有权、资格权、使用权的"三权"分置

宅基地是农民的基本住所保障,是我国农民安居的基本支撑。宅基地改革的基本目标是,探索农民住房保障在不同区域户有所居的多种实现形式,健全农民住房保障机制。

宅基地改革的重点是鼓励进城落户的农村农民依法自愿有偿退出宅基地和探索宅基地所有权、资格权、使用权"三权"分置的实际操作模式,尝试宅基整合、置换、复垦、入股、租赁等多种形式。

2019 年中央 1 号文件指出,要加快推进宅基地使用权登记颁证工作,稳慎推进农村宅基地制度改革,拓展改革试点,丰富试点内容,完善制度设计,抓紧制定加强农村宅基地管理的指导意见,开展宅基地复垦试点。

宅基地实行"三权"分置后,其功能会更加丰富。宅基地"三权"分置前,其主要功能就是为农民提供必要的居所,解决农民户有所居的问题。宅基地"三权"分置后,其功能会不断增多,有可能成为经营场所,文化交流、体育休闲、商务活动、旅游体验、养生养老等功能会逐渐增多。

4. 土地征收制度改革的重点是建立规范、有序、公开、公平的农地征用体制机制

由于农村土地征收制度规范的不健全,曾给我国乡村社会治理带来了巨大挑战。一是大量农村信访事件均来自土地征收过程中产生的拆迁或流转补偿问题;二是大量适宜农业种植的土地存在非农化危险;三是土地征收后的乡村社会保障存在缺位,留下诸多不安定因素。

为此,未来我国农村土地征收制度改革将重点围绕在四个方面。一是明确因军事和外交需要用地、政府组织实施基础设施建设、公共事业、保障性安居工程、成片开发建设及法律规定可征收农民集体所有土地的其他情形等六种情形需要用地的,可以征收集体土地。二是要求市、县人民政府在征地前先与农民签订土地补偿安置协议,落实补偿安置资金,充分体现被征地农民的知情权、参与权、监督权,个别确实难以达成协议的,应当在申请征地时如实说明,供审批机关决策参考。三是征收农用地的土地补偿费、安置补助费标准由各地制定公布区片综合地价确定;农民住房不再作为地上附着物补偿,而是作为专门的住房财产权给予公平合理补偿;将被征收土地的农民纳入相应的医疗、养老等城镇社会保障体系,切实保障被征地农民长远生计。四是防止农用地的非农化,加强荒地及各类废弃地的整理制度和规范完善,确保土地征收中不触及农用地红线。

二、农村土地制度改革对乡村
社会治理带来的新挑战

农村土地制度改革带来的土地流动性和资源资产化在给乡村振兴带来积极作用的同时,也会在不同层面上给乡村社会治理带来一定的影响和冲击,从治理主体、治理问题、治理手段等方面都大大增加了乡村社会治理的复杂性,对乡村社会治理提出了一系列新要求。

(一)乡村社会阶层分化,乡村社会治理出现新力量

随着农村土地制度的改革,乡村社会阶层分化日渐明显,出现了纯农民、兼业型农民、职业型农民和非农民化等群体,乡村社会治理的新问题、新力量不断出现。一是不同类型农民的收入差距会逐渐凸显,加速乡村社会内部收入的分层,加速村庄内部的分化。一般来讲,从事非农行业的个体高于单纯从事农业的农民收入,从事规模化经营的农户高于非规模化经营的农户,甚至会高于一些附近城镇居民的收入水平。二是传统村落进来的陌生人会不断增多,熟人社会的治理规则会悄然发生变化。承包地流转会加速小农经济瓦解,社会化协作生产提速,城乡人口的双向流动会加速,熟人社会趋于逐步解体。三是乡村土地精英阶层崛起会成为乡村治理的重要主体,集体外部成员参与集体内部事务管理将成为常态。选择承接承包地的人士会带领越来越多的农业产业化工人参与现代农业活动,他们会逐渐成为乡村建设的实际参与者,他们会成为乡村治理的重要成员。相反,那些选择外出务工或创业的乡村精英本来有机会成为乡村治理的关键主体,但由于越来习惯于城市企事业单位的生产生活节奏而逐渐对乡村治理失去兴趣,对乡村治理事务会逐渐淡漠。

（二）村委会能力弱化，农民谈判能力提升

土地是农民最重要的资产，土地问题也是最能牵动农民神经的问题，随着农村土地制度的改革，农民会掌握越来越多的主动权，村委会的管理能力会逐渐弱化，农民的维权意识和自治能力不断增强，农民和村委会及各种组织的谈判能力不断提升，这给传统乡村社会治理带来了较大冲击。一是村集体土地非农化或流转过程中，村集体面对资本冲击处于弱势地位，面对各级政府的土地指标派发也处于弱势地位。二是农村对土地的依赖程度不断降低，一些村民的见识和寻找资本与农村土地对接的能力在不断提升，一些靠信息不对称来管理村集体资产的办法不灵了，村委会通过控制土地来管制农民的手段日渐失效。三是一些乡村精英由于走出农村后取得了较大成就，对参与乡村社会治理的意愿明显减弱，但对抗村委会管理的能力明显增强了。

（三）乡村社会治理内容随土地问题转移发生变化

随着农村土地制度改革的推进，农村土地资产的流动性越来越强，伴随着的是人口流动越来越强，教育、养老、医疗卫生、就业、社会保障、文化体育等需求越来越多。一是传统上围绕土地的治理问题会越来越少，乡村社会的主要矛盾会转移到基本公共服务的不平衡不充分上来。二是乡村大量有关就业、养老、医疗卫生、文化体育等方面的投资压力会增大，不仅需要政府加大投资力度，也需要吸引大量社会资本参与乡村社会公共服务的提供。三是结合地域文化特色践行社会主义核心价值观的任务量和复杂性会增多，居民的生产生活方式会受到由于土地制度改变而导致的资金下乡和人才下乡冲击，乡村社会思想会发生一定程度的波动。

(四)农村集体产权制度改革面临自身改革提速和产权市场效应治理双重挑战

农村土地征收制度改革将会要求农村集体产权制度改革加快,村集体经营性资产的分配、交易市场、资本化、股权化等改革将不得不提速。一是对土地资产的核查、登记、确权等要求十分迫切,但是目前关于农村土地资产的评估和管理制度建设比较薄弱;二是随着土地制度的改革,农村人口的流动性越来越大,农村土地资产的成员权、资格权等问题日益复杂;三是农村集体经济组织的管理和集体产权权能等问题尚未形成相对成熟的制度和管理办法,农村土地产权交易市场极不规范,农村集体经济组织的税收和市场管理亟待完善。

同时,被征收土地的农村的生产、生活会发生突然改变,会给乡村社会治理带来新问题。随着农村土地制度改革,尤其是农村土地产权制度配套改革的推进,农村土地制度改革将会对乡村产业工人、农民队伍、居民构成和贫富差异等带来新影响,会加速改变传统乡村的生产、生活方式和邻里关系。尤其是,土地产权的市场化发展,有可能引起农村地区新一轮贫富差距扩大和一定程度的"土地集中"问题。这需要提前做好防范措施和政策干预。

三、农地土地制度改革背景下
乡村社会治理的重点

未来,农村土地制度改革会给乡村社会治理带来一定的冲击,对乡村社会治理提出了新要求。我们必须及时作出回应,严守农村土地制度改革红线,重视土地收益的公平与正义,在党的领导下不断吸收新成员加入乡村社会治理的各种组织,持续提升乡村社会治理的法治化和市场化水平,加强城乡社会保障体系一体化,增强土地制度改革的制度和服务配套,促进土地制度改革和乡村社会、经济、文化、生态等协调发展。

(一)严守农村土地改革底线,确保土地收益公平正义

农村土地改革的底线是"坚持集体所有制不能变,坚持耕地红线不能变,坚持粮食安全得到保障,坚持保护农民利益优先",即习近平总书记所强调的"不能把农村土地集体所有制改垮了,不能把耕地改少了,不能把粮食产量改下去了,不能把农民利益损害了"[1]。一是无论如何流转,坚决不能突破基本农业用地保护红线,确保国家粮食生产安全;二是农民宅基的"三权"分置中确保集体所有权不能突破,不能变相地发展宅基地的房地产经济;三是土地征收过程中,确保合法合规明确集体产权权能,确保集体经济财产不流失,确保集体财产收益分配公开、公平、公正。

(二)加强城乡社会保障体系一体化,做好乡村社会失业、就业保障

随着农村土地改革的推进,相当数量的农业人口会由于承包地、宅基地的流转和抵押等暂时失去农用地的经营权和宅基地的使用权,有可能由于缺乏合理理财或职业规划而面临失地、失业,也有可能由于乡村社会保障体系不完善而面临养老、返贫等问题,必须引起高度重视。一是加强对失地农民的教育和引导,可以适当给予一定的职业教育,促进其再就业,提升其参与规模化农业生产和劳作的能力和信心;二是加强对宅基地征收、转让、流转或租赁等农户的关心和教育,提升其适应新型社区和新型生产、生活方式的意愿和能力;三是转变农村社区治理方式,充分吸收非村民身份的居民参与乡村社区治理,从"村民自治"走向"居民自治";四是在条件允许的地区,

---

[1] 《十八大以来重要文献选编》(上),中央文献出版社 2014 年版,第 67 页。

加快建立城乡统一的社会保障体系,逐步实现城乡社保保障全覆盖,为城乡居民提供统一的养老、医疗卫生、就业和其他社会保障。

(三)加强乡村党组织建设,不断吸收和发展乡村治理新精英、新组织

建立健全党组织领导的自治、法治、德治相结合的领导体制和工作机制,发挥群众参与治理主体作用。一是继续高度重视乡村党组织建设,强化农村基层党组织领导作用,发挥党组织对农村土地改革背景下乡村社会治理的核心领导作用;二是发挥各类组织作用,不断吸收土地精英、高级农业人才、返乡创业人才、外来创业或定居人士加入乡村社会治理的各种组织;三是根据乡村社会发展的需要,合法合规建立新型乡村服务组织,为土地改革带来的社会问题提供解决方案,为乡村社会治理提供必要的支撑作用;四是尊重农民主体地位,形成乡镇政府、村委会、村民(居民)、各种自治组织、土地流转承接人或组织多元合作治理新体系;五是完善土地问题冲突治理机制,构建预警机制,健全利益表达渠道,畅通土地征收或流转的冲突解决办法和反馈机制。

(四)提升乡村社会治理的法治化水平和市场化意识

随着农村土地制度的改革,会伴随着大量的资本和人才下乡,也会有大量的乡村人口迁出并远离家乡,熟人社会的治理方式会逐渐退出,法治化和市场化意识亟待提升。一是增强乡村人口的契约精神,给资本和人才与乡村土地的流转、征收、租赁、抵押等提供相对安全的市场环境;二是提升乡村社会治理的法治化水平,加强对土地管理的综合执法,严防违法违规的土地流转和征收等行为;三是建立健全城乡统一的土地市场交易体系,不断提升各类农村土地的市场交易速度和水平,为盘活乡村土地市场提供有力保障。

（五）增强土地制度改革的制度和服务配套，为社会和谐发展提供保障

农村土地制度改革导致的社会问题的解决，与相关制度改革和服务配套关系密切，要及时化解相关社会问题必须加速农村产权制度改革、公共服务提供和基层社会治理方式。一是及时完成村集体土地资产核查，建立村集体土地资产管理平台和管理制度，并处理好村集体土地资产资格权的变更；二是不断优化资源变资产、资金变股金、农民变股东的市场化运作流程和办法，为土地资源资产化提供有效的模式；三是完善农村土地产权交易市场规章制度，制定适合农村土地产权交易的税收优惠政策；四是探索土地制度改革下的农村公共基础设施和基本公共服务的优化路径，不断为土地流转、转让、租赁、抵押变化导致的公共设施和服务需求变化提供新的解决路径，鼓励积极引入社会资本为补足乡村社会公共服务短板作出必要的贡献；五是充分利用土地制度改革带来的土地增值收益，完善乡村公共服务体系建设，促进农村基本公共服务均等化，让乡村基本公共服务市场化和事业化形成良好互动。

（张晓欢执笔，特别感谢杨维富同志提出了宝贵意见）

资本下乡及其对乡村
社会治理的影响与对策

党的十八届三中全会提出,鼓励和引导工商资本到农村发展适合企业化经营的现代种养业,向农业输入现代生产要素和经营模式。由此,农业现代化的规模化认识不断提高,国家鼓励资本下乡的激励政策加速出台,促使大量工商资本下乡。尤其是,党的十九大以来,国家提出实施乡村振兴战略,资本下乡迎来了历史性机遇。资本对乡村社会这一有机系统的嵌入,不仅会引发农业经营机制和农地制度改革发展,也在塑造着乡村社会的新格局,引发乡村社会格局调整,并对乡村社会治理改革提出新要求。为此,本文基于世界资本下乡的规律和经验,重点研究当前和未来一个时期内,我国资本下乡趋势及其对乡村社会治理的影响和对策。

一、世界资本下乡经验及我国资本下乡趋势

在世界区域经济发展中,城市工商资本下乡表现出了一定的阶段性和多样性。资本下乡的规模化发展往往是在城市经济发展到一定程度之后才开始的,在城乡资本互动之处,往往是乡村资本先被城市"抽走"。改革开放以后,鉴于国家整体区域经济发展的需要,大量乡村资本流入城市,表现出了"取之于农,用之于城"的特征。随着我国新型城镇化战略和乡村振兴战略的实施,城市资本呈现出了"反哺农村"的趋势,并且表现出了多元化

和多样化特征,资本"取之于城,用之于农"的现象可能成为常态。

(一)关于资本下乡的主要理论回顾

资本下乡的实质是城市和乡村之间资本要素的流动,其相关理论研究,主要集中在区域经济的空间关联效应、资本要素的空间流动规律和社会资本理论三个方面。

1. 资本下乡的空间关联效应解释

在区域经济发展中,聚集性和差异性是其基本特征。一般认为,率先发展的地方是包括资本要素在内的多重要素集聚之地,相对应的地区则是资本要素被抽走的地区。在城市和乡村经济发展中,城市往往被看作区域发展的增长极,是周边乡村增长的诱导。[①] 在城市增长极的带动下,城市和乡村会逐渐形成显著的"中心—外围"结构,也称"核心—边缘"结构[②],城市聚集资本和技术,是区域发展的动力所在,乡村则接受中心的辐射和带动,城市和乡村之间形成了一个相互依存的空间系统,但乡村往往依赖于城市对它的控制作用。

随着城市和乡村之间的交流和互动,乡村地区接受城市辐射和带动效应或逐渐增强,甚至出现资本从城市向乡村地区大规模回流的现象。乡村地区的新业态和新发展平台演变为城乡之间新的增长极和核心地区。解释这一现象的主要理论是弗农的梯度推移理论,该理论认为梯度推移过程是动态的极化效应与扩散效应共同作用的结果,城市系统是推移过程的载体[③],城市资本向乡村移动是典型代表。与此理论类似的还有 1974 年诺贝

---

① Cf.Higgins E B,Savioie D J.,*Regional economic development*,London:Unwin Hyman Ltd Press.1988,p.70.

② Cf.Nalaspa,Pueyo L F,Sanz F.,"The public sector and core-periphery models",*Urban Studies*,2001,38(10),pp.1639–1649.

③ 参见王育宝、李国平:《狭义梯度推移理论的局限及其创新》,《西安交通大学学报(社会科学版)》2006 年第 9 期。

尔经济学奖获得者冈纳·缪尔达尔提出的回波效应和陆大道在 1984 年提出的"点—轴"系统的渐进式扩散模式①和"涓滴效应"等。

2. 资本下乡的要素空间流动解释

资本、技术、人才等要素在城市和乡村之间的流动是促进城市和乡村经济社会发展的微观动因。资本要素从城市向乡村流动是资本的成本控制效应、集聚效应、规模效应、收益递增效应等影响的结果。

在经典经济学理论的发展过程中,工商资本一直被视为影响商品价值的重要因素,是农村地区产业发展的主要推动力。在英国古典经济学家配第初步提出土地及劳动"生产要素二元论"之后,古典经济学家亚当·斯密在他的代表作《国富论》中提出了劳动、资本和土地"生产要素三元论"。马克思在《工商资本论》中提出,工商资本的累积,促进了产业规模的扩大和产业结构的优化,是主导和推动规模化、产业化生产的基础。美国经济学家W.W.罗斯托对不少欠发达地区的国情进行考察研究后指出,影响农业地区经济发展的主因在于工商资本的缺失。

乡村资本的缺失与否取决于资本在乡村经济集聚效应的发挥和治理。美国经济学家纳克斯提出,欠发达地区低收入、低储蓄能力,引起工商资本形成不足,导致生产率难以提高,低生产率又造成低收入,周而复始形成一个恶性循环。要想打破这一恶性循环,需要在乡村建立新的增长极和"反磁力中心"。一旦乡村新兴产业集聚中心建立,产业集聚效应、规模效应和收益递增效应随即产生,资本下乡便会逐渐成为一种潮流和趋势,乡村地区便会获得新的经济社会发展。

3. 资本下乡的社会资本理论解释

在社会资本理论中,社会资本是个人或群体的社会关系、社会地位的总

---

① 参见陆大道:《2000 年我国工业生产力布局总图的科学基础》,《地理科学》1986 年第6 期。

和,较好的社会资本有利于提高社会生产效率,从而帮助达成目标。美国学者科尔曼指出,社会资本能凭借自身优势,为社会主体的生产经营活动提供帮助,从而让社会主体实现目标、完成任务。当社会主体在社会结构中所处的地位更高,可以获得和调动的社会资源就会更丰富,从而得到更多的好处,就可以实现社会资本向经济效益、社会效益的转变。显然,与乡村社会主体相比,携带城市工商资本的社会主体,具有较高的社会地位和更广阔更丰富的关系网络,在乡村地区的投资和市场竞争中,容易占据优势地位。

因此,在一定条件下,城市工商资本下乡将对"三农"领域进行改造,推动乡村经济和社会的全面发展。工商资本进入"三农"领域后,凭借其资金、信息、技术、组织等优势,居于发展的主导地位,有利于在更高层面整合"三农"发展资源,从而促进"三农"问题的解决。同时,工商资本的进入,也将导致基层党委政府、村"两委"、村民之间的强关系网络发生变化,并作为嵌入角色形成弱关系网络。对城市工商资本下乡加以规范引导,形成情感融合、相互信任、互相依赖的关系网络,是促进城市工商资本和社会资本与乡村振兴有效互动、解决"三农"问题的重要途径。

(二)世界典型国家的资本下乡经验

在世界城乡经济互动的进程中,一些国家采取了相对有效的资本下乡和管制措施,有力促进了资本下乡和乡村地区经济社会的协调发展。

1. 美国管制和激励并行,促使资本向乡村扩散

研究报告显示,不少美国大都市外围产业链上的村镇居民"幸福指数"甚至高于市内居民。中产阶级家庭沿着产业链向郊外扩展,传统城乡接合部的工作环境和生活质量好于市中心。形成这种结果的主要驱动因素是,美国通过各种措施促使经济和社会发展的生产要素(如把城镇工商业积累的庞大的科技、人力、物力、财力等资源吸引到农村去)沿交通干线向城郊和农村扩散,呈现出城市工商资本"点轴"发展带动城乡网络化发展的特征。

美国城市资本向乡村资本扩散过程中,首先是靠市场力量,其次是政府力量,两种力量相互补充,相互促进。从市场力量看,美国远郊和乡村充分利用自身的资源优势,吸引城市企业前来投资和经营。比如,美国农场主拥有大量土地,一些农场以土地为资本参与现代化和城市化进程,不少早期的庄园主因此而成为资本家或实业家。从美国政府力量看,美国政府不仅积极推进资本下乡的各种立法工作,也充分发挥了行政的宏观调节作用:一是联邦和地方立法机构在制度和体制设置方面适时立法监管;二是地方政府注重扶持进入乡村的小企业,使得乡村劳动大军大多数受雇于小企业。

2. 日本细化配套措施,不断消除资本下乡的制度壁垒

在日本乡村振兴过程中,日本政府的一系列根本性制度安排成为资本下乡的核心因素。一是城乡居民享受同等的政治经济待遇,在房籍、政治权利、社会保障和人员流动等政策上对城乡居民一视同仁。战后经济高速发展时期,日本大量农民离开土地转换生计模式,有些大企业甚至采用"集团就职"方式,到农村中学整班招收毕业生务工。日本政府一方面为新务工的农民提供与城市居民相同的社会保障;另一方面严格要求企业保障劳动者就业,采用"终身雇佣制"等方式确保农民不会因失业而陷入困境。这在很大程度上避免了农民在"失地"后再"失业"所带来的严重后果。二是消除阻碍人员、资金等经济要素在城乡间流动的壁垒,促进各种资源向农村和落后地区流动。在大量农村人口进城的同时,也有很多日本城市居民希望到农村和小城镇居住或投资从事农业经营。日本建立了较为完善的农业耕地和农村住宅流转体制,鼓励城市人口到农村居住或投资,吸引了大批返乡人才和退休人员回乡投资和居住,提升了乡村地区的经济社会活力。三是日本通过建立统一的社会保障体系、建设高标准的农业企业、维持农产品较高价格以保障农民收入等措施,以城市消费者出资的形式对农业进行隐形补贴。为增加农民收入,日本在对外贸易中多利用高关税、高检疫检验标准等手段形成有形或无形"保护壁垒",在国内则通过农协等行业组织或地区

组织维持农产品较高价格,以保障农民收入。

3. 越南加强土地管制和人才培训,鼓励发展乡村经济与就地择业

受城市化和工业化影响,越南土地尤其是耕地流失现象严重,大量肥沃的土地被各种资本项目挤占,但转让相关土地的农民通常只能获得相当于土地农业产出价值的补偿。与此同时,土地流失导致的农村剩余劳动力转移和就业问题也日益突出,成为越南社会发展过程中的一大难题。为此,越南政府采取了一系列措施,促进城市资本下乡,使得当地企业吸纳更多的人员就业,较好地解决了农村稳定和生计问题,引导和促进了乡村地区经济社会协调发展。一是对建设项目加强审批,保证项目不对环境和当地人民,特别是农民的生活造成负面影响,努力减小资本下乡对农民的冲击。二是在项目审批过程中,向社会进行公示,征求农民意见,保证项目以恰当的方式执行,努力减少资本下乡带来的社会摩擦。三是对非法转卖土地使用权、浪费土地的个人和机构进行严惩,杜绝资本下乡对乡村土地资源的浪费。四是加大对失地农民开展职业培训的力度,为资本下乡提供必要的人才和劳动力支撑。

(三)我国资本下乡的现状与趋势

由于政府支持和市场驱动等原因,资本下乡正迎来历史性机遇期,下乡资本的来源、投资领域和投资方式等呈现出多元化发展态势。

1. 改革开放以来乡村资本被城市抽走是主流趋势

新中国成立以来,一段时间的城市投资偏向政策,导致城乡投资差距日益扩大。农村金融一直是三农领域中的热点问题,连续几个中央1号文件都对发展农村金融进行了布局。其中一个重要原因是各种金融机构在农村设点都是只存不贷,农村资金被现在的银行抽水机从农村抽到城市,农村缺少资金。目前,农村金融体系由农村信用社、农业银行、农业发展银行这三家银行构成"三驾马车"的基本框架,但这三家银行由于经营目标、服务对

象以及规模实力等原因目前农村社会化金融服务普遍缺位,信贷投入不足,严重影响着农村经济的健康发展。而且,农村金融机构大多只是开展存、贷、汇等传统的商业银行业务,贷款的期限、利率、额度等不能满足现代农村对资金的基本需求。党的十六大以后,国家提出大力推进城乡统筹,鼓励城乡一体化发展,市场的力量导致城乡投资差距持续扩大。大量乡村地区发展趋向"投资贫困恶性循环",即形成了一个"低收入—低资本形成—低收入"的恶性循环。随资本被城乡抽走的是大量劳动力人口从乡村迁出,进入城市工作,承包地撂荒和宅基地空心化愈演愈烈。因此,较长一段时间内,乡村资本被城市抽走成为主流趋势,尤其是偏远地区的乡村更是如此。

表1 我国城乡固定资产投资比

年份	城乡投入比	年份	城乡投入比	年份	城乡投入比
1983	2.4	1995	3.6	2007	5.9
1984	2.3	1996	3.3	2008	6.2
1985	2.8	1997	3.3	2009	6.3
1986	2.8	1998	3.8	2010	23.5
1987	2.6	1999	3.9	2011	33.3
1988	2.6	2000	3.9	2012	37.1
1989	2.5	2001	4.2	2013	41.3
1990	2.6	2002	4.4	2014	46.6
1991	2.6	2003	4.7	2015	53.0
1992	3.0	2004	5.2	2016	59.9
1993	3.7	2005	5.5	2017	66.1
1994	3.9	2006	5.6	2018	63.3

注:1995—1996年,除房地产投资、农村集体投资、个人投资以外,投资统计的起点为5万元;自1997年起,除房地产投资、农村集体投资、个人投资以外,投资统计的起点由5万元提高到50万元;自2011年起,除房地产投资、农村个人投资外,固定资产投资的统计起点由50万元提高至500万元。为便于比较,1996年、2010年数据做了相应调整。从2011年起,城镇固定资产投资数据发布口径改为固定资产投资(不含农户),固定资产投资(不含农户)等于原口径的城镇固定资产投资加上农村企事业组织的项目投资。

资料来源:国家统计局网站。

2. 近年来资本下乡迎来历史机遇期,资本城乡流向态势可能逆转

近年来,由于国家对三农补贴加大和市场力量驱动,资本下乡呈现出新增长趋势。数据显示,2014 年我国财政用于"三农"支出为 1.4 万亿元左右,到 2017 年国家对三农补贴增加到近 2 万亿元;地方也不断增加资金支持,其中,广东省安排 616.8 亿元用于支持实施乡村振兴战略,比上年增长 125.9%,加上其他用于"三农"的资金,总规模将达 1054.54 亿元。这既有政策原因、经济原因,也有社会公益原因。一是过去 16 年来中央 1 号文件均鼓励资本下乡,要求依靠"投资兴业"的方式服务乡村振兴事业,落实和完善融资贷款、配套设施建设补助、税费减免、用地等扶持政策,明确政策边界,保护好农民利益;二是实施乡村振兴战略是党和国家的重大决策部署,进一步健全投入保障制度,创新投融资机制,加快形成财政优先保障、金融重点倾斜、社会积极参与的多元投入格局,确保投入力度不断增强、总量持续增加;三是乡村资本市场需求迎来爆发期,根据中国社科院今年发布的"三农"金融蓝皮书,中国"三农"金融缺口高达 3.05 万亿元。金融机构服务乡村振兴考核评估办法制定和农村金融差异化监管体系改进,以及各地深入开展乡村营商环境专项治理,不断提升资本下乡服务效能,将引导和撬动更多社会资本投向农村方面。

3. 未来资本下乡领域和方式呈现多元化趋势

我国工商资本下乡在来源和方式上呈现出多元化特征:一是从资本下乡的主要资金来源看,主要包括地方政府资金和中央政府的转移支付投入、市场化运作的工商业资本、来自金融机构的信贷以及各级政府和社会各界对乡村投资的补贴,呈现出多渠道多源头特征;二是从投资领域看,根据问卷星平台调查的 338 家下乡资本数据显示,资本下乡以农业经营为主,并逐步向农村资产盘活、生态修复、基础设施建设等具有一定外部性的领域拓展,近 60%企业从事着两种或两种以上的业务,其中以农业种养殖+农产品加工、农业种养殖+乡村旅游等组合业务,业务多元化趋势明显;三是从资

本和农户及各类主体结合看,"公司+农户""公司+村集体""公司+农民合作社""公司+政府"等多种形式并存,根据问卷星平台调查的 338 家下乡资本数据显示,"公司+农户"占到 75%;四是从利益联结方式看,一般是企业支付农民土地租金、劳动工资或产品价格,更加紧密的利益联结方式如"土地保底价+分红"等方式也逐步涌现。

二、资本下乡对我国乡村社会治理的影响与冲击

资本下乡导致强势市场组织在乡村崛起,其独特的垄断性和话语权会对乡村社会秩序和治理方式带来较大冲击,不仅会改变乡村原有社会结构,对乡村利益格局、农村社会保障、"乡—村"关系、村治资源等产生深远影响,也会对乡村社会治理的思想观念和方式方法产生较大影响。

(一)资本下乡会改变原有"乡—村"关系,出现乡镇政权下沉向村级渗透,村委组织体系与治理权威不断弱化

政府短期行为和资本下乡加速乡镇政府政权下沉向村级渗透。根据国家社科基金"村民自治中的重难点治理研究"项目对 79 个乡镇的调查显示,53.6% 的资本下乡由乡镇政府主导,只有 26.6% 的比例认为乡镇和两委是指导关系。乡镇政府作为政府终端和农村联系最为紧密,成为政府中资本下乡的最终执行主体,伴随资本下乡的政绩考核和财税效益等诱导而下沉,村委和村民在资本下乡的过程中会逐渐丧失话语权。在资本下乡浪潮中,我国农村村委可能面临市场信息闭塞、资源缺乏的困境以及村财乡管或村账乡管等问题,导致村级两委被动地依赖于乡镇政府,为乡村关系行政化提供了垫脚石。乡镇政府机构改革只是体制性权力收缩,功能性权力未变,出现混淆政务与村务,将资本下乡相关事宜全部纳入政务范围,领导与指导模糊,以领导代替指导,下派指标,以命令方式推

动资本下乡,以提高效率为由通过控制村支委直接或间接控制村委会。①
在工资转移支付的情况下,乡镇主要通过与工资挂钩的行政考核来控制村
干部,逐级淘汰的晋升制使得地方政府有政治动力不计成本地投入财政资
金推动资本下乡。

税费改革以后,基层政权从汲取型政权转变为悬浮型政权,村委组织体
系与治理权威不断弱化。当前中国以项目制为核心确立了新的国家治理体
制,彻底打破了国家通过乡村基层组织实现与农民有效对接的间接治理模
式,形成了国家直接与农民对接的直接治理模式;村级组织的治理任务主要
体现在履行乡镇的任务和争取项目两方面,资本下乡这一新主体的进入,为
乡村带来新鲜血液,村两委围绕新的主体、新的利益争夺控制权,致使矛盾
激化。根据国家社科基金"村民自治中的重难点治理研究"项目对 79 个乡
镇的调查显示,两委组织不健全占比 38%;村支委领导核心与村委会自治
中心两心相争,削弱了村民自治的作用,出现自治权力的内部消解、异化和
权力外送,使村民自治退化为村委会自治。由此,乡村社会由分配责任与义
务的政治向分配权利的政治转变,导致不受约束边缘力量的崛起,对乡村治
理构成重大挑战。

(二)资本下乡会改变原有乡村权力格局,出现资本权力化及村企边界模糊,使乡村社会治理民意基础减弱

下乡工商资本权力化,会动摇农户对基层政府权威的合法性和正当性
的认同。在中国现行体制下,招商引资是政府行为,政府引导资本下乡。下
乡工商资本实现利润最大化和权力寻租的现实要求,导致经济权利与政治
权力以交易的方式结合,在市场化程度仍然较低、农业现代化仍然处于起步

---

① 控制手段有党内领导、控制选举、控制财务(如乡镇政府实行村账乡管或村财乡管)、
利益诱导和建立奖惩机制等。

阶段、农地流转市场仍然没有形成的条件下,资本下乡的政府引导模式在短期内难以改变,权力化资本下乡仍然是资本下乡的主要形式。权力化资本进入乡村后即谋求与村干部联姻,谋求对乡村管理的话语权。资本的权力化、资本的逐利性会促使乡村事务管理重心的偏移①,下乡工商资本及与其相关的事务逐渐成为村干部的首要问题,农民在资本下乡的过程中逐渐处于弱势地位,其正当权益会逐渐被忽视,根据国家社科基金"村民自治中的重难点治理研究"项目对 79 个乡镇的调查显示,20%的合同由政府和公司签订,村民完全被排斥在外;地方政府官员往往凭借对社会资源的强制性支配力和市场强制管制力,借促进地方经济发展的"公利"之名而行"谋利之实"。

村级组织身兼乡村的"当家人"和资本的"代理人"两重角色,使乡村社会治理民意基础减弱。在对河南多地村庄的调研显示,下乡资本在经济上打破村庄原有格局,通过经济利益和政治利益诱导,不同程度地影响到村庄的政治格局,其中极端表现在村企边界不明,企业凭借经济实力吞噬村庄资源,村两委失去村治主导地位,异化为企业附庸或沦为地保。在制度层面,村级组织是农户利益的保护者,是乡村的当家人;在发展层面,很大程度上被资本的利益所吸纳,下乡工商资本通过进入村委班子实现公权私用,攫取村庄资源作为企业发展的资本,村委由此成为下乡工商资本的附庸,失去在乡村治理中的主导权;且资本在下乡之后往往与县或镇政府建立联系,由于契合了"工业反哺农业,城市支持农村"国家规模化转型的农业发展方向而得到上级政府支持,村级组织只能在有限的空间内协调作为资本下乡组织载体的涉农企业与农户之间的矛盾,进一步增大了农户

---

① 调查发现,资本下乡获取利益主要有两种方式:一是资本下乡圈占土地,将耕地作为过剩资本的保值手段。资本下乡流转土地后并不经营农业,而是以较低的成本占有土地等待土地升值后再转包出去,这实际上是土地投资。二是资本下乡分享国家项目所提供的奖补资金,实质不是规模经济效益,而是通过资本投机利用关系挣国家的钱。

与村级组织之间的隔阂,弱化了村级组织与农户之间的关联,使村庄治理公共性减弱。

(三)资本下乡会出现强市场组织,出现村民自治虚化,农民在组织上呈现松散性和维权上的弱势性

村民知情权和参与权的缺失,使村民处于附属地位,丧失了应有的自主权和独立性。资本下乡中乡镇的强力执行、职能错位使得村民的知情权和资本经营中的参与权得不到有效保障;利益链接机制的缺失、政策法规的不完善及执行不力使村民被下乡工商资本所替代。资本和农户在力量对比上的严重失衡,农户与乡村资源的分离和资本的利益吸纳两者结合,以及村民集体行动能力的匮乏,使村民面对强大的资本处于明显的弱势地位。资本由于在经济体量上的绝对优势,在其利益与农户利益相冲突时,不仅不会受到村级组织的掣肘,反而会通过吸纳后者为自己服务,从而借助村庄治理资源应对来自农户的冲突。

乡村精英①因对资本下乡的态度不同而出现分化和重组,乡村合作组织发育迟缓,农户的组织化程度较低。工商资本下乡带来乡村社会治理资源基础发生较大变化,主要表现在乡村的经济基础及由此决定的乡村社会主体结构的变化,造成乡村原有精英外流。根据对湖北等地乡村返乡创业调查显示,乡村精英进入村委班子实现公权私用,获取乡村资源作为企业发展的资本;下乡工商资本通过提供工作等方式吸纳乡村精英,逐渐形成"乡村代理人"群体,成为乡村传统精英远离乡村公共生活后的新治理主体,进一步降低了乡村对农民的吸附性和乡村凝聚力。农民专业合作社等是推动

---

① 乡村精英是实现乡村社会治理的人才资源,乡村精英包括政治精英、知识精英和经济精英。在没有外来资源进入村庄前,精英流动主要是自身能力的差异而出现社会地位层级的变化。资本下乡不但改变了乡村的社会主体结构,出现新的职业分化,还导致乡村内部精英因为利益而出现分化与重组。

村民自治方面的重要的主体,但在资本下乡、村一级自治组织被弱化的背景下,这些组织缺乏同村委有效沟通的体制保障,往往造成各主体间的矛盾或是村委职能被取代的现象。特别是税改以后,多地取消了村小组干部,这一内嵌于熟人社会的村级组织治理村庄的重要抓手,致使乡村缺少了一个有效与农民打交道的组织中介,使得地方政府的乡村社会治理普遍遭遇交易成本过高的困境,其治理能力大大降低。

(四)非经济逻辑的资本下乡可能浪费资源并激化乡村社会矛盾

鼓励资本下乡是国家区域协调发展的重大战略,也是全面建成小康社会和实施乡村振兴战略的关键举措。为此,国家出台了大量的转移支付和各种奖金补贴政策,投入了大量的资金扶持各种企事业单位。遗憾的是,调查发现,大量资本下乡并非遵循经济逻辑,而是遵循"补贴逻辑",即大量资本下乡的目的是骗取国家对农村、农业和农民的补贴(涉及骗取农业补贴、贫困户补助、"五保户"补助、危房改造补助、退耕还林补助等,审计署报告显示,仅 2015 年就有 7.38 亿涉农补贴遭骗取),并没有真正参与到乡村产业发展和社会建设中来。这样的结果,不仅违反了国家相关政策法规,浪费了资源,耽误了乡村振兴的进程,还容易在一定程度上激化乡村社会矛盾,污染乡村社会风气,加大乡村社会治理难度。

三、政策启示与建议

资本下乡在促进乡村振兴的同时,也给乡村社会治理带来巨大冲击。乡村社会治理的主体、内容、方式等均需及时作出调整,并在相关制度配套改革和政策措施方面及时作出恰当回应,开创资本下乡背景下乡村社会治理新局面。

（一）优化"乡—村"关系，明确乡镇政府和村级两委对资本下乡的职责

明确乡镇政府对资本下乡的引导和监管职责，为资本下乡营造良好营商环境。一是转变乡镇政府职能，将其职责限于引导、服务和监督的范围内，即引导下乡工商资本为村民提供服务，对资本的后期经营进行监督以保障村民的利益。二是针对资本下乡中政府行为问题，健全监督体系和制定奖惩措施。加强政府审计部门的审计监督和自下而上的社会监督，审计监督需要政府权力的授予和自身独立性的增强，社会监督需要表达渠道的拓宽与畅通，有效地将群众的社会监督转化为对政府行为的奖惩。

划清两委相应权限，增强村级两委财权，为多元均衡乡村关系提供社会土壤。一是从底层强化以村委为代表的村庄力量，明确村支委的领导核心地位和村委会作为村民自治组织的中心作用，划清各自权限，提高对下乡工商资本的对话权、议价权和维权能力，以更好应对资本下乡。二是村支委主要负责引导和监督，在资本下乡中，村支委的作用在于引导村民以更好地适应社会资本的进入，监督企业和村委会，防止出现违背国家政策及有损村民利益的行为。三是明确村级组织的财权范围，将乡镇政府由审批向审核转变，降低村级组织对乡镇的依赖性。

（二）改善乡村社会治理权力结构，厘清乡村与工商资本关系，建立利益共享长效机制

厘清村企关系，建立村支两会和下乡资本组织对话新机制。一是排除乡镇对村庄的行政干涉，法理上强化村庄主体的议价权，明确村一级自治主体作为村民利益代表的角色定位，保证村民能及时通过村民委员会向下乡工商资本提出合理的补偿要求。二是禁止下乡工商资本相关人员尤其是企业管理人员以任何形式进入村两委，防止企业资本变相支配村庄资源。三

是探索建立如村企协调会等一类中间组织,由村庄和相关下乡工商资本各派对等数量的代表,不定期围绕双方关心的问题举行会议,通过平等协商表达各自的利益诉求,基层政府可以根据地方实际情况指定一名以上法律和政策咨询人员,帮助协调村企关系。

构建企业与村民之间的长效利益链接与分享机制,做到"与农分利",实现利益共容。一是明确政府与市场的作用偏向,政府做好涉农企业和农户的引导、服务工作,支持农户有效地参与企业经营分利和合理的利益诉求。二是引导涉农企业承担更多社会责任,对乡村公共事务予以更多关注。充分发挥市场的作用,规范、创新农村土地流转方式,制定流转土地收益的常态增长机制,推进农地股份合作制。三是鼓励涉农企业放宽雇工标准,加强农户技能培训。四是强化监督及政策法规的实施,建立涉农企业融资监管、资产评估及社会责任评级机制,支持较大的涉农企业建立独立的风险保障基金,以化解和弥补企业经营给农户带来的风险和利益损失。

(三)提高农户和农户组织参与治理能力,创新村民自治形式

拓展信息传播渠道,提高农户参与度。一是打破乡镇政府对下乡工商资本相关信息的垄断,拓展信息沟通渠道,加强村级组织与乡镇政府及下乡工商资本直接的信息交流,提高工作事物透明度,降低下乡工商资本和乡村组织的风险。二是建立完善的农户参与机制,对关乎农户切身利益的信息,做到公开透明,并给予农户选择的权利;保障农户对下乡工商资本经营领域合法性及经营行为的监督权利。三是保障土地流转农户的发展权利和家庭基本生活来源,建立多层次、动态养老、医疗、就业和收入保障体系,确保农户个人的财产性收入和土地入股的保值增值。

增强乡村农户组织化程度,加强村民自治。一是发挥村委会、农民中的经济精英和文化精英的作用,大力发展多种形式的新型农民合作组织,增强乡村治理的动力和活力。二是建立村委和农民组织之间的有机衔接机制,

增强农民依靠合法化、制度化手段保护自身权益的意识和能力。在不干涉合法农民组织内部结构和正常运转的情况下,积极利用农民组织的力量推进村民自治,实现对农民组织的有效管理和利用。三是在制度层面强化村一级自治主体的独立地位和力量,鼓励村两委以平等协商的方式将部分村庄事务委托给农民组织,促进村庄治理的良性运转。探索以行政村为单位的"农地管理企业"或"土地流转服务中心",作为全体村民的代表与涉农企业谈判的平台,集中有效地表达自身合法意愿,维护合法权益,增强农户的公平谈判地位和话语能力。

(四)优化乡村资源产权制度,提升村集体经济组织参与治理的能力

在乡村资源产权的集体所有权虚化的条件下,乡村居民的市场主体地位遭到弱化,村集体经济组织参与乡村社会治理的能力也逐渐削弱。因此,要加快乡村集体资源产权改革,尊重农民和村集体市场交易主体地位,实现乡村生产要素资源社会收益的最大化。一是畅通资本下乡和乡村资源整合通道,充分尊重农户和集体经济组织对乡村资源收益分配权,避免下乡资本过度强势;二是积极吸引返乡创业精英参与村集体经济组织的经济事务活动,组建相对规范的市场化村集体组织,掌握市场谈判的主动权;三是政府对下乡资本的鼓励不能过头,不能为吸引资本下乡牺牲农民和村集体的经济利益,甚至破坏乡村治理秩序。

(五)充分重视资本下乡的非经济效应,并放大资本下乡的正向社会效应

资本下乡不仅会带来良好经济效应,也会带来各种非经济效应,必须管理好下乡资本,为乡村社会发展作出最大贡献。一是建立健全资本下乡的管控机制,对资本下乡的非正当目的及时管控,尤其是对补贴资金要加强监

管,防止非法骗取补贴,减少资源浪费和社会负面效应;二是充分利用部分下乡资本建设人文乡村和美丽乡村,对乡村文化建设和生态环境保护给予足够的重视;三是鼓励公益性社会组织投资乡村建设,鼓励社会资本参与乡村社会的 PPP 项目建设,在补齐乡村社会的基本公共服务和基础设施短板上适当加大投资力度;四是加强基层党组织、村自治组织、村民和各种资本下乡的经济组织之间关系协调,建立良好的互动沟通机制,在党的领导下充分尊重各个组织、各个社会阶层的意愿,为乡村公益性事业和全面发展做好服务工作。

（张晓欢执笔,特别感谢杨维富同志的宝贵意见）

政府建设与乡村治理

我国乡村治理法治化
建设成效、问题与建议

十九大报告指出,要加强农村基层基础工作,健全自治、法治、德治相结合的乡村治理体系。2019年1月,中央印发《关于坚持农业农村优先发展做好"三农"工作的若干意见》,进一步强调要增强乡村治理能力,推进农村基层依法治理,建立健全乡村公共法律服务体系,加强农业综合执法。乡村治理法治化重点是指在党中央集中统一领导下,各类乡村治理主体有效运用法治思维和法治方式管理和调节乡村事务,将经济、政治、文化、社会、生态等各领域治理纳入法治轨道。在推进全面依法治国、建设新时代社会主义法治国家、培育新型乡村治理体系的过程中,乡村治理法治化作为重要基层法治环节,对提升乡村基层治理体系与治理能力、保证农村生活和谐稳定、推动实现乡村振兴战略具有重大现实意义。做好农村基础法治工作,将全面依法治国各项具体任务落实到最基层,有助于进一步夯实法治土壤,为法治中国建设提供更加坚实的社会支撑。

一、把握乡村治理法治化建设的重要落脚点

(一)提高乡村规范治理水平

乡村治理法治化注重发挥法治的行为规范功能,深化公开公平公正的

法治精神,对乡村社会公权力进行规范和约束,对治理主体和农民群体的合法权益进行制度性保护,构建基于法治理念的法治化乡村治理体制与治理模式,推动乡村社会秩序和谐稳定与公平正义。在国家推动新时代乡村振兴战略、乡村经济社会现代化发展步伐加快以及乡村基层矛盾日趋多发与治理困境共存的时代背景下,通过加强对乡村治理体系与治理结构的法治规范,有助于突破乡村振兴和农村经济社会现代化建设中的治理困境与制度藩篱,建立健全乡村基层法治化治理结构,推动乡村治理与乡村振兴、农村经济社会现代化建设有机互动,全面提高乡村治理的规范化水平。

(二)提升乡村自主治理能力

乡村自治是体现乡村社会主体与农民群体治理主体地位的关键内容,是检验农村内部秩序与内生动力的重要标志,是维系农村社会和谐稳定的坚实基础。通过法治渠道的构建,有助于农民更为独立自主地参与乡村治理过程,与行政权力和社会力量共同构筑起乡村治理平衡。同时,乡村依法自治是农村市场化改革和现代化发展的客观要求,也是乡村社会主体多元化、利益诉求多样化的重要制度保障。加快构筑法治治理框架,树立起维护农民群体治理主体地位的法治权威,有助于形成和完善新时期乡村治理的政策与制度环境。通过明确各类治理主体法治责任,细化农民和其他治理主体在乡村治理中的制度角色与行为规范,有助于建立标准化的乡村治理体系;通过强化乡村各领域法治保障,有助于保护农民群体的民主权力与治理权益,充分调动起农民群体参与乡村治理的积极性与主动性,推动乡村治理模式从旧有行政化导向向新时期法治化导向转型,加快乡村由"人情社会"向"法治社会"转变,进一步完善乡村依法自主治理能力。

(三)推进乡村理性治理进程

法治具有"行为理性"的价值导向,强调个体行为的独立规范与群体行为的公平公正,符合社会主义核心价值观和乡村社会固有的价值传承。通过发挥法治在乡村治理中的价值导向功能,有助于构建和形成符合法理精神的新时期乡村社会秩序与乡村依法自治的制度环境,推动农民群体、基层乡村社会组织以及其他治理主体的理性政治参与,完善乡村多元治理的法治结构。此外,传统乡村社会对治理的诉求更多体现在现实结果上,造成了对于行政权力、宗族势力等权力类型的过度依赖,对乡村治理本身的价值导向与价值内涵建设不足,导致治理模式与治理体制的单一性和功利性,缺少通过理性治理对于人性民风的良性引导与教化。法治化有助于实现价值与功用的统一,通过法治理性重塑乡村秩序、保障主体权利、调处矛盾冲突、强化治理规范,使各类治理主体在法治路径下依法充分行使其社会责任,进一步构筑起乡村社会和谐稳定的法治价值根基,推进乡村理性治理进程。

(四)健全乡村制度环境保障

法治体系通过完备的制度框架,保障乡村多元社会主体的政治、经济、社会、文化、生态等各类权利,有助于推动乡村基层权利在更加稳定的法治制度框架下运行。通过构建乡村各领域治理法治化运行机制,切实搭建起公平、正义、公开透明的治理环境,在保障农民合法权利实际享有的同时,加强农民群体参与乡村治理的制度规范,激发乡村发展内生动力,构建起维系社会稳定与激发社会活力并重的新时期乡村治理制度结构,既注重自上而下的管治性秩序,也注重平行规范的制度性秩序,在加快新时期基层行政管理体制改革的背景下,进一步推动传统管治型政府向法治型、服务型、责任型、监管型政府转型。同时,通过发挥法治具有的宽容、理解、尊重社会多样性的制度品质,最大范围实现和保障村民个体和农民群体的民主与自治权利,在此基础上加强基层政府、村居两委、乡镇企业、社会组织、公益性团体、乡村志愿者等多元社会主体的法治权利,使各类主体在法律制度框架下更加规范、高效、积极地参与乡村治理实践,在具体过程中不断改进和完善乡村治理的整体制度环境与法治保障。

二、改革开放后我国乡村治理法治化建设有序推进

（一）乡村法律法规逐步完善

十一届三中全会以来,我国陆续颁布十余部农业法律、近30部农业行政法规、超过140项部门规章制度及一批地方性法规规章制度,包括《农业法》《村民委员会组织法》《农村土地承包法》《农业技术推广法》等在内的一系列与农村和农民生产生活密切相关的法律法规相继出台,体现了党和国家对于"三农"问题与乡村治理的高度重视,也体现出我国乡村治理的法治规范不断加强、法治化路径日趋丰富。

表1　我国部分现有农业相关法律统计表

类　别	名　称
农业和农村经济基本制度方面的法律规范	《农业法》《农村土地承包法》《村民委员会组织法》《农村土地承包经营权流转管理办法》《关于加强和改进村民委员会选举工作的通知》等
农业经济主体方面的法律规范	《乡镇企业法》《农民专业合作社法》等
农业生产和农产品质量安全方面的法律规范	《种子法》《农产品质量安全法》《动物防疫法》《农药管理条例》等
农业科技与教育方面的法律规范	《农业技术推广法》《农业植物新品种权代理规定》《农业转基因生物标识管理办法》等
农业资源与环境保护方面的法律规范	《野生动物保护法》《草原法》《畜牧法》《渔业法》《森林法》《土地管理法》《土地储备管理办法》《水法》《水土保持法》等
农业权益保护方面的法律规范	《林木和林地权属登记管理办法》《农业机械化促进法》《农业机械安全监督管理条例》等

类　　别	名　　称
农产品流通、农村金融等方面的法律规范	《农村信用合作社管理规定》《国际农业发展基金项目管理办法》《粮食收购条例》《关于推动农村邮政物流发展的意见》等
农业和农村纠纷解决方面的法律规范	《农村土地承包经营纠纷调解仲裁法》《农村土地承包经营纠纷仲裁规则》《农村土地承包纠纷仲裁试点设施建设项目组织实施办法》等

资料来源:作者自制。

伴随相关法律法规不断修订完善,乡村党委政府治理施策的法治基础不断增强、法治建设目标日渐清晰,执法过程更加规范,司法监督体系持续改进,为乡村治理法治化建设奠定了坚实基础。对于农民群体而言,农业相关法律法规不断出台有助于其进一步依法明确自身权利,规范自身依法办事与依法维权行为,构成了农民参与新时期乡村法治化治理的重要前提。

(二)乡村法律服务日渐丰富

新中国成立后至改革开放初期的几十年间,法律对于农村与农民实际生产生活的影响相对有限,农民依靠法律路径伸张自身权利的意识与保障性严重不足,导致乡村治理对于行政路径与综治等强力手段的依赖性较强。21世纪以来,随着农村法律法规体系的逐步完善,司法所、派出所、农村法庭、律师事务所以及其他类型的乡村基层法律服务机构相继出现。截至2018年年底,全国共有基层法律服务机构超过1.6万家,基层法律服务工作者达到7万余人,民事、经济、行政诉讼业务量以及担任乡村党委政府、村(居)民委员会和基层企事业单位法律顾问的人员数量较之以往也呈现显著增长趋势。总体看,基层法律服务网络的持续发展使得法律专业力量更多地下沉到乡村社区,为农村与农民提供法律惠民服务同时,也使农村社会法治化建设有了更为坚实的社会基础。此外,随着专业法律服务机构数量的不断增加,乡村治理的立法、执法与司法环境在很多治理领域得到明显改善,乡村治理法治化的综合服务水平与服务配套保障能力持续得到增强。

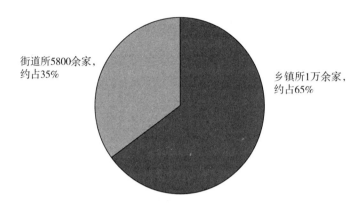

图1　全国基层法律服务机构总量与分布情况

资料来源:作者根据司法部《2018年度律师、基层法律服务工作统计分析》制作完善。

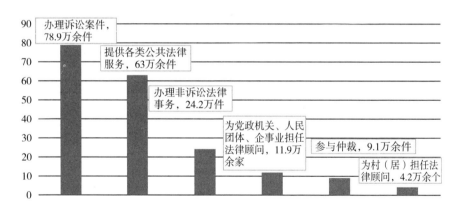

图2　全国基层法律服务机构总量与构成情况

资料来源:作者根据司法部《2018年度律师、基层法律服务工作统计分析》制作完善。

(三)普法宣传活动持续开展

乡村党委政府作为法治宣传与法治教育的重要引导者,在乡村治理中承担着普法教育与乡村基层法治队伍建设的重要职责。改革开放后,各种形式的乡村普法活动陆续开展,乡村法治宣传与法治教育队伍建设不断加强。21世纪以来,多地乡村基层党委政府持续探索和创新普法活动形式,引导广大农民在"法律进农村"过程中不断学习法律知识、增强法治意识、培育法治思维、提升依法维护和保障自我权利的观念。普法宣传活动的广泛开展使更多农民有序参与到乡村治理法治化建设各项工作当中,依法处置各类矛盾、表达自身诉求的意识进一步增强,乡村治理法治化的氛围日渐形成。

(四)依法自治制度不断加强

伴随法律意识与政治意识的不断提高,农民群体对民主、公平、正义等社会价值的需求持续提升,日益渴望以主人翁的身份参与到乡村治理具体实践当中。同时,《村民委员会组织法》等法律对基层政府与村委会间"指导、支持、帮助"关系的法律定位,也为基层政府通过村民委员会等组织路径进入乡村治理的领域和范围提出了更加规范的要求。以《村民委员会组织法》等法律为基础,不断完善基层党委政府与村委会及其他基层组织之间的法律与制度关联,有助于推动乡村基层党委政府更好依法依规履行村民自治的引导者和监督者职责,引领村民不断提升自我教育、自我管理水平。

三、十八大以来我国乡村治理
法治化建设成效显著

(一)乡村社区法治建设加快推进

十八大以来,中央和国家有关部门加快推进乡村社区法治体系建设。十八届四中全会提出"法治国家、法治政府、法治社会"三位一体新目标,要求把乡村社区建设纳入法律规范之下,将法治与农村生产生活秩序有机结合起来。2015年2月,中央出台《关于加大改革创新力度加快农业现代化建设的若干意见》,要求"必须加快完善农业农村法律体系,同步推进城乡法治建设",首次提出乡村社区法治化建设的政策框架;5月,中办、国办印发《关于深入推进农村社区建设试点工作的指导意见》,明确提出"推进农村社区治理法治化、规范化",成为我国乡村社区法治化建设首个规范性、纲领性文件;11月,两办印发《深化农村改革综合性实施方案》,特别提出"农业农村法律法规进一步完善并加强,农村基层法治水平进一步提高"的新目标与新任务。2016年1月,中央出台《关于落实发展新理念加快农业现代化实现全面小康目标的若干意见》,进一步强调乡村社区法治化建设重要意义。与此同时,各地积极结合地区实际情况制定具体实施意见,如湖北、甘肃等地结合农村发展实际,制定出台《关于深入推进农村社区建设试点工作的实施意见》等文件,为深入推进乡村社区法治化建设提供落地政策支撑。

(二)乡村民主政治进程不断改进

十八大以来,中央密切关注乡村基层民主政治制度创新与法治规范工作,有力推动了我国乡村民主政治法治化进程。一是民主选举方面,村委会选举规程得到进一步规范完善,探索建立了村委会选举监督员制度,进一步规范了选举程序。二是民主决策方面,乡村社区民主协商法治化程度有所提升。2015年7月,中办、国办印发《关于加强城乡社区协商的意见》,对推动乡村社区协商制度化、规范化和程序化作出了具体要求。在此基础上,各地在乡村社区协商的主体、内容、流程、机制等方面积极探索实践。三是民主管理方面,村民自治程序日渐规范,积极推行村级自治事务决策权与执法权分离、政府治理职能与村民自治职能分离,构建新型乡村治理框架。四是民主监督方面,积极推行村务监督委员会模式。过去五年,各地农村普遍建立了村务监督委员会或村民理财小组等,将村级基层组织从传统的"村两委"变成了"村三委",使村级民主监督体系得到显著增强。一些地方还针对村务监督委员会职能出台相关法规,如《安徽省建立健全村务监督委员会制度若干规定(试行)》《甘肃省村务监督委员会工作规则(试行)》等,对村务监督委员会的组织设置、职责权限、建设标准等方面作出了制度性规范和具体执行与实施规定,为村民监督村级权力运行提供了有效的法治渠道。

(三)乡村公共法律服务持续完善

过去6年多来,我国乡村公共法律服务体系建设进程明显加快,并呈现出三个方面的特点。一是乡村法律服务的政策法规更加健全。2014年2月,司法部印发《关于推进公共法律服务体系建设的意见》,将法律服务作为重点公共服务产品纳入公共服务体系总要求,对构建新时期公共服务体系一部署规划,提出"探索建立乡村社区法律顾问制度,通过政府购买方式,向乡村社区选派律师或基层法律服务工作者担任法律顾问,逐步实现一村一顾问"。二是乡村法律公共服务的内容与形式更加丰富。各地基于构建"政府主导、覆盖城乡、可持续的基本公共法律服务体系"目标,积极探索将公共法律服务纳入新时期基层治理框架。三是乡村公共法律服务水平显著提升,各地持续增加公共法律服务财政投入,加大政府购买法律服务力度,推动法律公共服务持续向基层农村下沉。如山东省搭建公共法律服务实体、网络、热线三个平台,建立"一站通""一线通""一网通"服务媒介等。

(四)乡村法治治理主体更加多元

十九大报告指出,要完善"党委领导、政府负责、社会协同、公众参与、法治保障的社会治理体制",打造"共建共治共享的社会治理格局"。对此,各地在创新和完善新时期乡村治理工作过程中,加快探索建立权责明确、依法管理、科学有序的新型乡村社区治理体制,推动乡村治理法治化、标准化、规范化进程,进一步明确和规范乡村党委、政府、社会组织、村民居民等各类主体在乡村治理法治化建设中的具体职责。一是积极发挥基层服务型党组织的核心引领指挥职能。各地基层党委针对十八届四中全会提出的"加强和改进党对法治工作的领导"要求,制定出台一系列政策实施意见,形成乡村基层党组织法治建设工作共识。二是强化基层服务型、法治型政府建设,从管理源头规范了政府在乡村法治建设中的角色,明确政府提供法治服务的具体内容,加快推动服务型、法治型政府建设。三是乡村社会组织法治服务功能更加丰富。十八届三中全会提出"加快形成政社分开、权责明确、依法自治的现代社会管理组织体制"。在一些发展较快的农村地区,社会组织为乡村治理法治化建设提供了有益帮助,逐步建立了针对农村社区矛盾纠纷调解、治安防控、普法教育、合法维权等方面相对专业的社会组织。四是乡村社区居民依法自我管理的能力持续提升。十八大以来,针对农村群众长期以来反应比较强烈的"政府权力滥用""征地安置补偿""生态环境破坏"等突出社会矛盾,出现了"闭合自控""微自治""乡贤参事会"等村民自治性管理组织,不仅广泛吸纳"本土、外出、外来"等各类人群加入,同时加强法治文化教育,推动实现了乡村自治的多元化参与。

(五)乡村法治建设保障不断加强

一是队伍建设上,农村党政领导干部的法治思维与依法治理能力持续提升。面对农村社区矛盾零散复杂、权力配置不够规范等问题,浙江宁波市、重庆奉节县、安徽滁州市、贵州毕节市等多地启用"行政权力清单"进行规范化管理。二是制度建设上,相继出现的"新型村规民约"提高了乡村治理的制度化、法治化水平。如福建厦门同安区农村社区通过建立"四议两公开"和"六要"群众工作法,建立《微法典》,对解决本地区各类基层治理事项制定出相应解决措施,很大程度上维护了当地的乡村社区秩序,促进了村民与政府之间、村民相互之间的法治联系。三是技术支撑上,新兴的"互联网+法治"模式加速了农村法治建设的思路与模式创新,借助互联网与村务法务的融合,建立村务综合服务公开的"手机 APP 平台",将村务公开从墙上搬到村民手机上,增强了村务公开的效率与互动性,提升了法务政务的技术支撑。

(六)乡村法治模式探索持续深入

例如,浙江省桐乡市的"三治融合"模式。自 2013 年起,浙江省桐乡市在全国率先开展自治、法治、德治"三治融合"的基层治理模式探索,形成了新型村规民约(社区公约)、百姓议事会、乡贤参事会、百事服务团、法律服务团、道德评判团等三治融合载体。又如,山西省晋中市的"法治乡村"模式。山西省晋中市以"法治乡村"建设为目标,采取试点先行、示范引领的工作原则,从基层组织建设、涉农权力运行、法制宣传教育、纠纷化解机制等四个方面构建乡村治理法治体系。在依法完善基层组织建设方面,以依法自治为切入点,全面加强乡村基层组织建设,逐步完善乡村村民会议、村民代表会议、村民监督委员会等组织建制,成立村务监督委员会。同时,出台农村基层权力清单,将各项事务办理步骤公开化、制度化,明确了各类乡村组织权责范围、运作流程和监督关系。在依法规范涉农行政权力运行方面,对于涉农事项办理构建统一规范和协调运作的乡村两级便民服务中心,在乡镇(街道)设立近 150 个便民服务中心,在村(社区)设立 2800 余个便民服务代理点,推动行政与法律服务向基层延伸。在加强法治乡村建设宣传教育方面,在全市范围开展"法润晋中"系列行动,实施"法律明白人培育工程""法治思维引领工程""法治阵地全覆盖工程""法律服务直通车工程"等活动,通过法律培训、以案说法、法律咨询、法治公园等形式加强村民群众和乡村干部法律意识,推广法律知识,营造法治氛围。在依法化解纠纷方面,加快构建多元纠纷化解体系,形成了以县级信访、调解、法律援助等多中心联动运行以及乡镇调处中心实体化运作为载体的多元矛盾纠纷化解体系。另如,广东省清远市"网格法治平台"模式。广东省清远市自 2012 年启动农村综合改革试点建设以来,重点探索乡村治理的新路径,立足"多元、协商、共治"理念,积极推进以基层党建为引领、以"中心+网格化+信息化"为载体、以深化公共法律服务为核心内容的"网格法治平台"乡村法治化治理实践,引导乡村网格内群众自治组织和各类社会组织积极参与法治治理进程,构建起了"政府搭台——社会组织承接——法律服务配套——志愿者协助——居民参与"的治理流程,加快探索建立"法治为本、德治为先、自治为基"的乡村治理实践新模式,推动构建共建共治共享的基层治理新局面,形成了乡村治理法治化的"清远样本"。

四、当前我国乡村治理法治化 建设面临的主要问题

(一)乡村法治观念相对滞后

长期以来,我国乡村治理主要以维稳为着力点,以群体性风险防控管控为主。一些地方本着"不出事"原则,更多依赖行政命令和政法综治等强力手段解决社会问题,一定程度上加剧了乡村治理的碎片化问题,同时也加重了重权力轻规则、重稳定轻活力、重管控轻法治等问题,缺少对于运用法治观念与法律手段改进乡村治理方式、加强乡村治理规范、提升乡村治理效率、进一步激发乡村社会活力的有效引导。在乡村治理实践中,村民维护权益的意识逐步加强,但由于自身法律知识有限,法律诉讼周期长且成本高等现实因素,导致人们往往惯性选择成本相对较低且回应较快的信访路径,"信访不信法"的现象仍然比较普遍。特别是土地征收、房屋拆迁、移民安置等重点矛盾纠纷引发的群体事件与集体上访行为已成为基层治理法治化

亟待破解的突出问题。出于维系社会秩序与社会稳定的考虑,行政机关与司法机关往往采取经济补偿等短期行为来化解矛盾纠纷,间接养成了"小闹小补、大闹大补、不闹不补"的错误倾向,同时促使村民形成了权力大于法律、上级机关压过下级机关的惯性认知。尽管十八届三中全会提出"把涉法涉诉信访纳入法制轨道,建立涉法涉诉信访终结制度",但相关体制机制建设不健全,仍欠缺对于运用法律途径解决问题、保障权益的制度性引导。

(二)法律制度与法治环境不健全

一方面,乡村治理重点领域的法治建设进程相对滞后,综治、信访、基层自治、社会组织发展、环境保护等重点领域的立法、执法与司法进程跟不上乡村经济社会发展速度,乡村治理中出现的新问题、新矛盾,工作中往往无法可依,亟须强化新时期乡村治理过程中的法律体系与法治环境建设。另一方面,乡村法治建设质量总体不高。尽管《农业法》《农村土地承包法》《村民委员会组织法》等法律的出台为乡村治理提供了基础性的法律支撑,但各地落实情况参差不齐,与地区发展实际结合不够紧密。一些地区制定出台实施细则进度比较缓慢,条款更迭不及时,甚至出现前后实施细则相互冲突的情况;一些地区制定出台实施细则后长期搁置不用,导致现实操作中的法律制度与法治环境仍然长期停留在旧有层面,缺乏有序的乡村治理法治化实践探索、经验总结以及将有益基层经验上升为国家制度的政策传导与政治互动过程。

(三)治理主体法治化程度偏低

乡村治理主体的法治化是推动治理体系法治化的前提,目前还存在治理主体法治化程度偏低、依法治理能力不足、农村基层党员干部法治思维和法律素养普遍不高、乡村治理工作队伍与专业人才比较匮乏等突出问题。

一是乡村党委与政府职能转变不到位,亟须加快服务型、法治型政府建设,提升基层行政管理体制改革对乡村法治化建设的支撑。二是乡村公检法司执法力量普遍不足。很多地区仅是二人所(庭),且人员老化,工作力量明显不足;人民调解委员会、法律援助中心、法务工作站等普遍缺乏专职法律人员,大多是由乡镇司法所干警、乡镇工作人员、村(居)委工作人员以及志愿者兼任,专业性不强导致提供的法律服务质量参差不齐;基层法律人才匮乏,法治资源不足且分布不均衡,导致乡村法治建设刚性不足,进一步拉低了乡村治理水平。三是乡村治理工作队伍的法治思维和依法治理能力不强,仍习惯于运用行政手段或经济手段解决社会矛盾纠纷。村民委员会虽然普遍设置了人民调解委员会等机构,但工作人员往往缺少法律知识和依法调处矛盾纠纷的经验,且往往年龄偏大,更倾向于依靠人事说教来解决法律问题,以致相关矛盾纠纷无法在基层得到有效疏导与化解,导致集体、越级上访。四是法治监督考评机制亟待改进和加强。虽然很多地区都签订了"谁执法谁普法"责任书,建立了民主监督机构,但监督实效总体不强,监督考评中考核标准不清晰,量化考核指标不具体,考核流程与方法不规范,考核结果不公开不透明,奖惩激励措施不完善等问题突出,考核导向作用发挥不充分。

(四)法律公共服务质量不高

法律公共服务是乡村法治化建设的重要组成部分。当前,乡村法律公共服务普遍还存在供给类型不足、供给质量不高、供给主体单一、服务平台建设滞后等突出问题。一是乡村法律公共服务的类型与内容欠缺标准与规范,导致成本高、覆盖窄、供给不平衡不充分。二是供给主体单一,尚未形成政府部门、专业法律机构、社会组织多元协作供给的局面。三是城乡二元结构导致城乡之间的法律公共服务存在较大的资源配置差异,乡村法律公共服务资金少、质量低、服务水平不高、政策保障不足、专业化人才队伍缺失等问题仍然突出存在。四是法律公共服务平台建设相对滞后,平台建设标准缺失、平台综合服务管理功能不完善、上下级平台缺少协作联动,平台之间信息共享与数字化智能化支撑不足,尚未形成乡村法治化制度建设与服务平台建设的有机联动。

(五)乡村自治法治保障不足

乡村自治的目标是建立自我管理和自我服务的内生机制,并使这种内生机制在法治框架下有序运转。当前,我国乡村自治的内生机制与法治保障亟待培育和加强,作为乡村自治组织的村民委员会和居民委员会普遍还存在职能目标偏差和工作路径偏离等问题。一是民主选举法治监管不足,拉票贿选、政府干预、宗族派系主导等不符合法律规定和法律程序的现象依然大量存在。二是村居两委职能不够规范,村居干部滥用权力、村居财务缺乏监督、集体财产受到侵吞、权益分配不规范不透明等问题导致自治组织内外部矛盾激增。三是民主决策存在不同程度的形式化问题,民主决策机制被两委干部内部会议或宗派势力私下决定所代替,一些地方的村居两委以言代法、以权压法、徇私枉法的问题突出。四是乡村集体经济组织和社会组织功能虚化。集体经济组织在法律角度是乡村集体产权的权益归属者,但现实中村居两委往往代表其行使基本权能,造成法治约束与监管的盲区。同时,专业化的乡村社会组织成长还缺少必要的法律保障,导致其发展不充分、数量不均衡、发展水平参差不齐、服务领域存在大量缺失和空白,难以发挥治理协助的功能。

(六)乡村社会法治基础薄弱

一方面,乡村社会特有的宗族等级结构抑制法治精神的生长。长期以来,我国乡村社会呈现一种建立在血缘和地缘基础上的长幼有序、亲疏有别的"差序格局",与主张个体平等、权利本位、理性秩序的法治精神差异明显。在这种格局下,农村很少能够真正从价值观层面走出传统伦理关系圈,缺少对以法律为核心构建起的公平公正公开的社会规则意识,宗族势力等因素长期影响着农村民主选举、村民自治等民主政治进程,对乡村治理法治化建设形成了巨大现实性阻力。与此同时,乡村法治资源相对匮乏,法治建设与法治治理缺少必要的物质与经济资源支撑。经济基础作为法治内生动力,较低的农业经济市场化水平导致法治建设需求低,法律诉讼成本高的现象,从根本上制约着乡村治理法治化建设进程。另一方面,农民群体在地方与国家政治生活中的权利不同程度上还存在缺位现象。尽管我国宪法规定了公民的基本政治权利,但如自由迁徙权、土地与房屋私有产权、结社权以及经济与社会方面的平等享有权等权利的法律与制度保障不足,导致其在地方与国家政治生活中的话语权与谈判能力普遍缺失,加之表达机制与通道不健全,进一步加大了法律维权的难度。

五、推进新时代乡村治理法治化建设的思路与建议

(一)完善乡村治理法治化的顶层设计

在总结建设成效与经验的基础上,进一步明确乡村治理法治化建设的顶层部署与建设规范,将乡村治理法治化有机纳入中国特色社会主义法治体系与法治国家建设整体战略,规范法治主体、完善法治结构、明确执法标准与执法流程、强化司法监督与依法问责追责体系,提升法治化治理能力。将规范乡村秩序、强化乡村稳定、保障村居权益、化解矛盾风险、提高法律公共服务供给质量与供给能力作为新时期乡村治理法治化建设的核心落脚点。健全教育、医疗、卫生、住房、就业等基础民生领域法律法规,推动法治乡村建设。

（二）加快乡村治理主体的法治化进程

一是要加快推进乡村党政法治化建设。推进党委领导与政府负责在法治框架内开展工作，加快推动政府职能法定，完善基层人大立法体系与立法程序，推进综治、信访、基层自治、社会组织发展、资源环境保护等重点领域的立法进程。二是要进一步规范乡村治理执法体系，严格公正文明执法。加快乡村基层行政体制改革，破解权责交叉导致的委托执法、选择执法、多头执法等问题。深化乡村基层司法体制改革，提升司法公开、司法为民、司法便民水平，使村民群众感受到公平正义。三是要推动协同治理法治化进程，推进社会协同与公众参与程序化制度化，加强治理协作的法律法规建设。

（三）强化乡村治理法治化的制度保障

一是要完善立法规范。根据新时期乡村治理形势变化，对乡规民约和地方性法规加强合法性审查并作出调整更新，清理不适用的法律法规，规范国家法律与地方性法律、文件和乡规民约之间的治理定位。制定出台村级管理制度汇编，规范会议制度、村务财务公开、集体资产管理、工程招投标、土地承包等制度章程，为乡村治理法治化提供基础制度框架。二是要探索建立公共决策委员会工作机制，广泛吸纳各领域法律专家有序参与决策与监督，设置决策咨询议事职能机构，就重大决策事项，召集职能部门、法律专家、公共政策智库开展政策评估并协助进行政策合法性审查，提升决策科学性，增强基层干部法律意识，强化政府依法行政理念与工作流程。三是要健全村民利益依法表达和纠纷解决机制，使利益表达、矛盾调解、应急处置制度通道成为乡村治理法治化重要支撑。

（四）加强乡村治理法治化的技术支撑

一是要强化乡村综合治理与公共安全法治化技术支撑。重点针对社会治安、社会稳定、矛盾调处、群众利益保护等综治核心环节,加强大数据、云计算、人工智能、人脸识别等数字信息技术应用,提高乡村应急管理、监测预警、案件处置的软硬件配套技术,保障乡村公共安全法治化实施效率。二是要充分发挥乡村网格法治平台作用。加强司法所、派出所、律师事务所在乡村基层网格中的执法协作联动,增强群众依法参与社会共建共治共享的意识,扩大法治保障的支撑范围。同时,推动乡村治理法治化综合信息服务平台建设,加强信访信息平台、社情民意平台、信息采集平台、信息公开平台建设,提升乡村治理法治化的集成度、专业化与精细化程度,推动法治过程公开透明。三是要加强数字化、信息化、智能化支撑。加快推进基层"智慧法院"和"智慧检察院"建设,推动普及"网上法治数据一体化处理平台"技术,引入"智能办案辅助系统",包括智能语音识别和案件信息录入、裁判文书自动生成系统等。加快建设"智慧检务辅助系统",研发移动信息化客户端,整合文书信息告知、诉讼变更提醒、办案期限预警等功能为一体,提升乡村法律诉讼处置和反馈效率。

(五)强化乡村治理法治化的队伍保障

一是要加强党委政府专业执法队伍建设。提升乡村基层执法人员运用法律手段解决乡村治理问题和矛盾纠纷的能力,明确政府权力清单和责任清单,建立程序公开、标准公开、结果公开的行政执法行为规范。选拔有法律背景的专业人员到乡村工作和培训乡村行政人员的法律知识,提升乡村干部法治思维和依法办事能力,引导领导干部学法尊法守法用法。二是要提高村居两委管理人员和工作人员的法治素养。针对两委管理人员大多不熟悉法律知识的问题,可通过政府采购方式聘请法律工作者或法律顾问加强对两委人员的法律培训。三是要大力推动高层次法律人才下乡村进行全职或兼职工作。发挥好退休法学教授、法官、检察官、律师等法治人才余热,使其参与到乡村法治治理事务当中,强化乡村法律援助机制。同时,积极发展法律服务志愿者队伍,出台地区性优惠政策,吸引法律院校在读学生利用假期到乡村进行法律服务实践,结合法律服务社会组织,共同弥补乡村法律人才不足的短板。四是要强化乡村法治宣传队伍建设。在党政领导干部中建立"法治带头人"制度,牵头制定落实乡村法治建设实施方案;加强行政机关"谁执法谁普法"法治宣传责任制建设,让基层行政执法人员在执法同时广泛宣传法律知识;在乡村群众中建立"法律明白人"制度,发挥其引领带动与先导示范作用。

(六)健全乡村治理法治化的考核评价机制

一是要完善乡村治理法治化建设考评指标体系。在原有群体性事件处置、信访数量管控、治安防控等指标基础上,进一步拓展到行政执法规范、公共法律服务质量、矛盾纠纷调处效率、生态环境执法监管能力、群众法治满意度等内容,考核内容重点针对法规缺失、违规执法、监管不力、服务缺失、干部渎职等问题。二是要健全乡村治理法治化多元评估主体。立足于党政系统内部考核,同时充分发挥好智库、第三方评估机构、村民居民、村集体、居委会等多元主体作用,形成专职部门、法律机构、社会组织和公众对乡村治理法治化的共同监督。三是要建立乡村治理法治化常态化考评体系,完善考评工作制度,针对法治建设重点领域,建立党委牵头,纪委、监察、信访、法院、检察院共同参与的联合考评机制。四是要加强考评结果的有效运用,考核结果要与政府和村居两委干部的职务晋升和待遇挂钩,发挥好"考核指挥棒"导向激励作用。五是要推动考评结果和运用情况公开,通过政府公告、村务信息化平台等路径,将法治化建设的考评结论、结果等级、整改建议等情况及时进行公开并接受村民监督。

(李曜坤执笔)

新时期乡村组织振兴与社会治理

乡村组织担负着凝聚人心、推动发展、促进和谐的重要责任,是提升乡村社会治理水平和实施乡村振兴战略的重要支撑。组织振兴是乡村"五大振兴"的要求之一,如何做好新时期乡村组织体系建设工作,进一步增强乡村组织的凝聚力、战斗力、服务力和发展力,是我们需要认真探讨和迫切解决的重要课题。完善乡村组织体系,既要在整体上统筹谋划,制定统一政策和刚性制度,又要兼顾不同村社的历史性、差异性和特殊性,坚持分门别类,推动乡村组织建设健康有序发展。

一、乡村组织体系及其对社会治理的作用

从组织角度看,乡村社会治理以乡镇政府组织、村党组织、村民委员会、民间自治组织等多样化的"组织网络"为依托,回应乡村社会的各种问题,提供乡村社区服务,促进村庄经济发展,是提升农民福祉与公共利益的"动态过程"。随着我国城乡经济社会发展变化,我国乡村社会治理的组织架构也在不断变化。尤其是党的十八大以来,农业农村改革速度加快,各种乡村新兴组织不断涌现,乡村组织体系日渐完善。

(一)我国乡村社会治理组织体系的基本结构

我国乡村组织主要包括以下四类:一是党群组织,主要包括以村党支部

为核心的党组织与共青团、妇联、民兵连等群团组织;二是村民自治组织,主要包括村委会、村民小组、村民议事会、监事会等;三是经济组织,主要包括村集体经济组织、农业专业合作社等从事农业生产经营方面的自愿联合、互助性组织;四是社会组织,主要包括民办非企业组织以及可采取政府购买服务的公益类、服务类、救助类、维权类等功能性社会组织。

(二)我国乡村社会治理组织体系的运行机制

乡村振兴,治理有效是基础。必须把夯实基层基础作为固本之策,建立健全党委领导、政府负责、社会协同、公众参与、法治保障的现代乡村社会治理体制,坚持自治、法治、德治相结合,确保乡村社会充满活力、和谐有序。

一是坚持党建引领,发挥党组织在乡村社会治理体系中的引领功能。抓实建强农村基层党组织,以提升组织力为重点,突出政治功能,加强和改善村党组织对村级各类组织的领导,加强党支部对村级集体经济组织的领导。

二是坚持政府主导,发挥村民委员会等村民自治组织在乡村社会治理体系中的基础功能。通过村民委员等自治组织的作用发挥,增强村民自我管理、自我教育、自我服务能力,引导村民在村务决策和公开、财产管理、工程项目建设、惠农政策措施落实等事项上发挥重要作用。

三是坚持"两翼"协同,发挥经济组织与社会组织在乡村社会治理体系中的促进功能。强化集体经济组织服务功能,发挥在管理集体资产、合理开发集体资源、服务集体成员等方面的作用。发挥农村社会组织在服务农民、树立新风等方面的积极作用。规范村级组织协助政府工作事项,防止随意增加村级组织工作负担,增强村级组织自我保障和服务农民能力。

(三)我国乡村社会治理组织体系建设的重要作用

完善乡村社会治理的组织体系,建立健全各种乡村组织参与社会治理的体制机制,是乡村自治、法治、德治相结合治理体系正常运转的重要支撑。

一是在乡村政治建设上,通过各种组织可促进乡村民主政治的发展和公民民主意识的成长,建立农民利益的表达渠道,促进民主参与过程的有序化、制度化、法治化。

二是在乡村经济发展上,各种经济组织会有力促进农业向科学化、市场化、集约化转型,提高农村基础设施建设,促进农民经营规模的有序整合,增强农业的国际竞争力,辅助国家粮食和农业经济的宏观调控。

三是在乡村社会、文化和生态建设上,各种村民自治组织和社会组织在党组织领导下,可以增强乡村社会自治和共治,促进社会公平,促进乡村社会稳定和乡村文化繁荣,形成文明乡风,建设美丽乡村,实现可持续发展。

二、乡村组织振兴与社会治理
提升面临的问题与挑战

随着农村改革的不断深化,市场经济的快速发展以及乡村民主政治建设的迅速推进,乡村组织建设出现了一些新情况、新问题,给乡村社会治理带来新的挑战。

(一)乡村党组织现代化治理能力较弱,对其他组织的有效引领不足

一是党员队伍年龄偏大,文化程度较低,难以吸引优质青年加入,工作理念和工作方法落后。在制定村庄发展规划方面缺乏前瞻性,缺乏带领农民群众致富的能力,把自身的职责局限于宣传党的路线、方针、政策方面。以广州市白云区为例,太和镇北村、头陂、和龙等村的党支部书记,已连任数届,面临退休,却没有合适的接班人。如景泰街柯子岭村班子 10 位成员中最年轻的已有 52 岁,平均年龄达到 55 岁。

二是乡村党组织协调和组织能力有待提高。有些乡村党组织对农民群众的需求缺乏及时、深入的了解,尤其是在涉及农民自身利益的具体事件中,法治观念淡薄,不善于用法律的手段、民主协商的办法解决。

三是乡村党组织与乡村社会自治组织之间存在力量失衡。在培育新型社会治理主体方面,缺乏整体规划和具体有效的实施方案,一些乡村党组织对乡村社会事务直接包办,使乡村社会组织和经济组织失去存在意义,这就降低了乡村社会治理多元主体的活力,不利于乡村社会治理的健康、持续发展。

(二)乡村党(政)组织与"两新"组织之间关系尚未厘清,乡村组织之间的权力交叉和空白地带并存

一方面,全新的经济组织和社会组织不断涌现,"自治"诉求不断增强。随着土地流转和资本下乡的发展,各种新兴乡村组织不断涌现,其市场意识、民主意识、法制意识也不断增强,在政治、经济、文化、社会各方面提出了更多的"自治"诉求。尤其是党的十八届三中、四中、五中全会以后,加强建设国家治理体系建设的要求肯定了乡村社会组织、乡村经济组织和村民个体在乡村社会治理中的正当性地位,进一步激发了各种乡村组织参与乡村社会治理的积极性。"两新"组织的壮大会要求更多参与到乡村社会治理之中。比如,广州市白云区 118 个村、48 个街道集体经济组织集体经济总收入约 40 亿元,平均每个基层组织年收入 2000 万元以上,为乡村经济社会发展提供了必要的助力,也为当地乡村社会治理优化作出了巨大贡献。

另一方面,乡村党组织与社会组织间关系尚未理顺,矛盾不断突出。乡村"两委"组织职权划分不够清晰,存在权力交叉、权力越位、治理空白等问题。"两委"之间的紧张关系主要表现为包揽型、游离型、对抗型等,有的乡村党组织继续沿袭改革开放前的工作方式,包揽乡村的一切事务,村民委员会没有决策权、管理权,使村民自治流于形式。有的乡村党组织缺乏凝聚力,软弱涣散,无所作为,无法承担起领导核心的重任,难以在乡村社会治理

中发挥应有的作用。

(三)乡村组织对当地经济发展的引领力不足和"富人治村"现象并存

经济繁荣是乡村社会发展的基本条件。各种乡村组织都应把发展作为乡村工作第一要务,发挥各自应有的作用。新时代背景下,乡村经济发展提出了很多产业方面的新要求,但乡村组织还不能很好地顺应这些要求,还不能有效承担起引领村级经济发展的历史重任。

一是把握产业发展方向能力不足。当前,传统的分散式、碎片化、单一化、非专业化的乡村产业发展方式难以为继,乡村组织需要紧跟时代步伐,依据城乡居民消费需求的新变化,在城乡融合的视野下,引导乡村资源逐渐向乡村旅游、高效设施农业、文化创意等新兴产业聚集,促进农村一、二、三产业融合发展,全面提升乡村产业发展质量。

二是乡村就业创业支持能力不足。城市化进程加快使得城乡关系由原来的往城市单向流动向城乡之间互动转变。从近年来的中央1号文件可以看出,国家对乡村的发展越来越重视,国家的战略目标和战略任务正在由城市转向乡村,乡村的发展机会将越来越多,外来创业、返乡创业、就业的人将日渐增多。然而乡村现有的环境,无论是基础设施等硬环境,还是体制机制等软环境均难以支撑。

三是引领产业创新发展能力不足。部分乡村组织运用现代化的网络信息技术不足,系统思维意识不强,导致农民合作经济组织与涉农服务组织(企业)的合作、联合等效用尚未得以有效发挥,农民的资产、资源与金融结合不紧,构建现代农业产业体系、生产体系和经营体系还有很长的路要走。

四是统筹协调外来资源能力不足。随着乡村振兴战略的实施,越来越多的外部资源流入乡村,然而乡村组织不能有效统筹协调外来资源,以至于资源利用率不高,甚至一些资源被少数群体垄断,存在"富人治村"现象,使一些乡村自治组织形同虚设。

(四)人口流动带来乡村"空心化"和"人口倒挂"现象,给乡村社会治理带来难题

乡村劳动力大量迁徙至城市务工造成最为直接的一个治理难题就是乡村治理主体的缺失,亟须政府组织和各种经济组织参与乡村社会治理。

一是没有足量的主体来参与乡村治理。人口向城市的大量流动,"空心村"的涌现使乡村缺乏年轻主体参与乡村秩序维护、各项公益建设以及国家分配任务的执行,乡村社会治理工作无法有效落实。如河北省张家口市张北县东号村户籍人口 670 人,实际在村里居住人口不足三分之一,是典型的"空心村",乡村社会治理组织体系几乎形同虚设。

二是留守人群主体多是老弱妇孺,对社会治理的参与不够,导致乡村治理问题频发。老人、妇女和儿童都是需要被关注与保障的对象,缺少直接参与乡村社会治理的动力和精力,治理参与兴趣和力度都不高,对民主选举、科学监督认识不够、参与不多,容易导致乡村腐败问题频发。湖北省恩施土家族苗族自治州沿渡河镇汗石村共有居民 404 户 1316 人,在外打工的有400 多人,年轻劳动力基本上都外出离村,留守在村中的多是老人与儿童。

三是村民的不能或不愿作为,导致村庄难以在乡村关系中处于主动地位。村庄在社会治理中的缺位有可能造成乡镇与村庄关系的失衡,在权力和资源方面占据优势的乡镇可能更加强势。再加上一些强势的"两新"组织积极参与社会治理,挤占了党(政)组织的合理地位,长此以往,乡村治理的体系将会面临更大的隐患。

四是相对发达地区的城郊和乡村地区成为外来务工常住人口的重要集聚地,甚至在一些地区超过了原住民人口数量,呈现出了一定的"人口倒挂"现象,这给当地乡村社会治理带来巨大压力和挑战。随着经济发展,大量农村人口涌向城市,这些外来务工人员大多聚居在城市周边的郊区,成为

新的社会治理新主体。他们渴望参与到当地基层组织治理体系中,亟须各种社工组织和外援机构参与乡村社会治理。

(五)传统村规乡约正在瓦解,新出现的乡村组织公共精神塑造能力不强

在乡村快速转型过程中,守望相助的乡村共同体意识渐渐逝去,部分乡村出现传统习惯和现代精神衔接的空档,但乡村组织吸引村民参与公共事务以及在公共实践中培育公共精神的能力有限。

一是传统村规相约逐渐瓦解。随着社会多元化的发展,外来的资源要素不断流入村庄,对村庄的内生秩序影响较大,传统的道德、信用、人情、面子以及村规民约的约束作用明显下降,以往村民之间的社会关系逐步解体,村民对村庄的认同感渐渐降低,社会关联也随之减弱,村民的原子化现象愈发凸显,村庄陷入无序状态风险增加。

二是有效动员群众参与公共事务和社会治理的难度大增。集体主义观念在市场经济的冲击下被淡化,以往村民之间的互助关系容易被利益关系逐渐取代,对公共事务大多持有冷漠心理,即使基于利益相关性而参与公共事务,权利意图也明显超过责任义务意识,从而致使乡村社会治理出现了较为严重的公共空间萎缩、公共事务难以组织开展的病症。

三是不良社会风气逐渐蔓延。传统村规相约逐渐瓦解,村民精神文化生活补充不及时、不充分,给腐朽、落后的思想提供可乘之机,一些陈风陋习有滋长蔓延的趋势,这些都成为乡村社会治理的隐患和威胁。

三、充分发挥乡村组织在社会治理中作用的建议

未来,为实现乡村组织振兴,增强乡村社会治理能力,需要不断加强乡村组织建设,巩固和完善以党组织为核心的乡村社会治理组织体系,形成以

党组织为核心的政府负责、社会协同、公众参与、法制保障的现代乡村社会治理格局。

(一)加强乡村党组织建设,发挥农村党支部战斗堡垒作用

以提升组织力为重点,突出政治功能,持续加强乡村党组织体系建设,充分发挥党组织在乡村社会治理中的战斗堡垒作用。

一要优化党员发展工作,实现党员结构的优化提升。通过民主、公开和公正的选举,吸收优秀青年、致富能人、返乡工人等加入党组织,优化乡村党员的结构素质,夯实乡村治理的基础。

二要实施"农村带头人"整体优化提升工程。吸引高校毕业生、机关企事业单位优秀党员干部到村任职,选优配强村党组织书记,提升乡村党组织组织力的主体支撑。

三要建立健全提拔晋升制度,优化人才发展渠道。从优秀村党组织书记中选拔乡镇领导干部、考录乡镇机关公务员、招聘乡镇事业编制人员制度,积极为乡村干部的实践和成长搭建平台。

四要加强村干部的教育培养工作。注重组织培养,强化党性教育、法治教育、公仆意识教育,加大选拔和培养乡村干部的力度,以提高经济管理、社会治理能力为重点,激发乡村干部干事的活力,培养党员干部乡村治理的综合能力和素质。

五要建设后备干部和人才储备库。建立"两委"班子后备干部库和人才库,为村社换届储备候选人才。打造一支以书记主任为带头人、"两委"干部为主心骨、本地大学生村官为生力军的年轻化、知识化、梯次化干部队伍,做好乡村党组织队伍人才储备工作。

(二)规范"两委"工作运行机制,理顺村"两委"关系

实行村党组织领导下的村民自治,着力解决少数村组织和村委会"两

张皮""两委"班子不和、乡村党组织战斗力不强等问题。

一是坚持"一村一策",分类实施,因村而异扎实推进完善民主监督机构、健全民主公开工作制度、创新民主议事机制、建设民主公开平台等四项工作,形成公开到位、沟通到位、监督到位的乡村民主工作新局面。

二是加强"两委"组织源头治理,平衡、理顺村党支部委员会与村民委员会之间内在的规范与活力的关系。正确处理农村党支部和村委会的关系,严格制度化和规范化的运作体制,引导村社将有关"两委"工作运行的制度规范,写入"村规民约",并明确考核奖惩。

三是建立健全对村"两委"工作的有效监督机制,坚持民主集中制原则,建立健全对村干部监督管理机制,有效规范和约束村干部履职行为,大额开支、重大事项一律经过公开严格的讨论、论证,保障村民的广泛参与和监督。

四是在有条件的村社推行"政经分离、政社分离",让乡村党组织回归党建主业,乡村社会管理自治组织回归社会管理和服务职能,集体经济组织回归集体资产经营管理职能,避免乡村干部权力高度集中。

(三)科学处理乡村党(政)组织与"两新"组织之间关系

面对新农村建设的新挑战和新要求,要充分发挥乡村组织在社会治理中的有效作用,必须处理好党(政)组织与"两新"组织之间关系,推动党政组织和乡村"两新"组织协调发展。

一是厘清乡村党(政)组织与"两新"组织的职责和关系。乡村社会必须坚持发展经济和其他社会职能并重,协调推进经济建设、政治建设、文化建设、社会建设和生态环境建设,应该以基层党组织为引领,政府为主导,新型社会组织与新型经济组织为"两翼",统筹推进乡村社会治理。

二是减少乡村党(政)组织对村集体经济组织的直接管理。乡村党(政)组织对村集体经济组织具有管理职责,应以发展经济为突破口,加快推进农村产业发展,避免陷入大量的日常经济、社会事务之中。要为经济发展创造有利环境,形成适应经济有序发展的良好氛围,充分实现农民集体和个人的经营、管理自主权,避免回到人民公社时期政社合一的情况。

三是积极引导社会组织参与社会治理,充分发挥社会组织在乡村社会治理中的促进作用。建立健全社会组织"红黑"名单,加大社会组织培育力度,坚持优秀社会组织扶持并举,引导社会组织规范有序参与社会治理。鼓励适当购买社会服务,促进社会组织参与治理按需定供,建立健全有效的市场化配置体制机制。

(四)落实政策支持,激发发展活力,解决乡村组织对经济引领"不够"的问题

按照"多予、少取、放活"的方针,坚持经济高质量发展的要求,加强乡村组织促进农村经济工作发展的实效,打造乡村振兴和社会经济发展的新引擎。

一是足额落实运转经费,切实提高保障水平。要加大财政支持和帮扶力度,适当提高经济发展薄弱地区组织运营经费,保证组织工作正常开展,保障能力不断增强。要规范资金使用,积极构建资金保障长效机制,加强资金监督管理,确保组织运转经费规范使用。

二是落实金融帮扶政策。农林、水务、财政等部门要将涉农资金和项目向村级集体经济倾斜,并向上级部门争取对村级集体经济发展的扶持奖励资金。村镇银行等金融机构要延伸农村服务链条,创新金融产品和服务方式,加大对村社集体经济组织信贷支持力度。

三是落实产业引导政策。鼓励本地企业对集体经济薄弱的村开展帮扶,开展村企合作。对于不适宜发展工业的乡村,农业部门要进行引导和规划,充分利用当地特色资源,发展"农家乐"休闲旅游业、生态观光农业,延伸农业产业链,创建农产品特色品牌,拓宽村级集体经济收入来源。

四是加强环境综合整治力度。按照经济发展、村容村貌、社会服务管理、"两违"和制假贩假、综治信访维稳、"两委"班子建设六个方面进行环境综合整治,为经济发展提供良好的"软环境"。

五是在增强对经济发展引领性的同时,要防范强势经济组织对乡村社会自治体系的瓦解。增强乡村组织对经济引领从根本上是为了促进乡村经济的整体发展,为村民带来经济红利。要防止强势经济组织的专制化、单一化和单纯以经济利益为目的倾向,为乡村经济的健康可持续发展打下良好基础。

(五)加强共青团、妇代会、民兵等群团组织建设,培育乡村新型社会化服务组织

注重形成乡村社会服务组织的整体合力,充分发挥共青团、妇代会、民兵等群团组织作用,培育乡村新型社会化服务组织,探索推进乡村社会治理的新渠道。

一是加强共青团建设,以党建促团建。分期分批整顿建设好乡村团组织,特别是加强团组织书记的选拔培养工作。高度重视乡村妇女组织的建设工作,完善妇代会制度,建立健全妇女教育活动阵地,如"妇女之家""妇女园地"。

二是鼓励、引导和支持发展各种社会化服务组织。适应乡村发展社会主义市场经济的要求,加大政策支持力度,提升各类基础性机构服务水平,创新服务模式。比如,培养农产品行业协会,发挥其在行业自律、信息服务和成员权益维护方面的作用;鼓励发展乡村法律、财务等中介组织等。

三是完善政府购买乡村社会服务机制,大力培育服务性、公益性、互助性乡村社会组织。政府要将公共服务资源向乡村延伸,并适当向集体经济薄弱的村社倾斜,重点完善供水供电、教育、医疗、交通、环卫等基础设施,为经济发展打造便利的"硬环境",保证村社的良好运作管理。促进经济发

展,稳定就业和农民收入。

（六）重塑乡规民约形象，以党建引领建设文明乡村

促进政府、社会、乡村组织、家庭和村民个人共同塑造乡村公共精神。以经济发展和社会稳定增强村民的认同感、归属感、幸福感和安全感，从而重塑乡规民约形象，以党建引领建设新时代文明乡村。

一是乡村文明建设组织应重点加强农村思想道德建设工作。以基层党组织为核心，以社会主义核心价值观为引领，采取符合农村特点的有效方式，广泛开展好媳妇、好儿女、好公婆等评选表彰活动，开展寻找最美乡村教师、医生、村官、家庭等活动。深入宣传道德模范、身边好人的典型事迹，弘扬真善美，传播正能量。

二是政府组织和乡村社会公益组织联合深入实施公民道德建设工程，挖掘农村传统道德教育资源。深入挖掘乡村熟人社会蕴含的道德规范，结合时代要求进行创新，强化道德教化作用，引导农民向上向善、孝老爱亲、重义守信、勤俭持家。建立道德激励约束机制，引导农民自我管理、自我教育、自我服务、自我提高，实现家庭和睦、邻里和谐、干群融洽。

三是文化遗产保护组织应着力传承发展提升农村优秀传统文化。立足乡村文明，吸取城市文明及外来文化优秀成果，在保护传承的基础上，实现创造性转化、创新性发展，不断赋予时代内涵、丰富表现形式。切实保护好优秀农耕文化遗产，深入挖掘农耕文化蕴含的优秀思想观念、人文精神、道德规范，充分发挥其在凝聚人心、教化群众、淳化民风中的重要作用。

四是乡村文化创意产业组织应着力加强农村公共文化建设。支持建设文化礼堂、文化广场等设施，培育特色文化村镇、村寨。鼓励"三农"题材文艺创作生产，不断推出反映农民生产生活尤其是乡村振兴实践的优秀文艺作品，充分展示新时代农村农民的精神面貌。开展文化结对帮扶，引导社会各界人士投身乡村文化建设。

　　五是乡村精神文明建设组织应持续推进农村移风易俗工作。广泛开展文明村镇、星级文明户、文明家庭等群众性精神文明创建活动引导和鼓励农村基层群众性自治组织采取约束性强的措施,对婚丧陋习、天价彩礼、孝道式微、老无所养等不良社会风气进行治理。

(张晓欢、田琳琳执笔)

社会建设与乡村治理

我国公共服务、基础设施建设与
乡村治理现代化

　　随着城乡一体化发展和农村生活水平改善,农村居民对公共服务供给的数量和质量要求不断提高。《乡村振兴战略规划(2018—2022 年)》提出,要继续把国家社会事业发展的重点放在农村,促进公共教育、医疗卫生、社会保障等资源向农村倾斜,推进城乡基本公共服务均等化;同时,要继续把基础设施建设重点放在农村,持续加大投入力度,推动农村基础设施提档升级。加快补齐农村公共服务体系和基础设施建设短板,更好地为农村居民群众提供精准有效的服务,是当前乡村治理的重要方面,也是农村扶贫攻坚的关键环节。

一、农村居民消费升级带来新的公共
服务需求,公共服务的质量与水平
亦影响居民消费增长

　　农村公共服务水平和居民消费升级相互作用、互为影响。实证研究表明,城镇化水平(基础设施条件和公共服务是其核心要素)对居民消费结构和消费水平影响巨大,其对人均消费的贡献仅次于收入水平的影响。在相对落后地区,改善交通运输公共设施条件和通信设施条件,对居民消费增长有明显的促进作用。① 相对于城市居民,城镇化对农村居民消费的影响更加显著。② 十八大以来,我国农村居民消费保持较快增长,消费结构不断优化,农村居民的消费习惯和消费结构正在逐步向城市居民看齐。

农村居民耐用品消费呈现3个显著变化(见表1)。一是家用汽车拥有量快速增长,5年时间增加1倍,汽车正在逐步取代摩托车成为农村家庭新的代步工具。农村家庭汽车拥有量只落后城镇家庭5年左右。二是计算机和移动电话在农村家庭广泛使用。三是热水器的使用快速增加。这些变化背后所需要的公共服务支撑是:农村道路及交通基础设施的改善、网络及通信基础设施的改善,以及水电气管道等基础设施的改善。

表1 农村居民平均每百户主要耐用消费品拥有量

耐用消费品	2013年	2014年	2015年	2016年	2017年
家用汽车(辆)	9.9	11.0	13.3	17.4	19.3
摩托车(辆)	61.1	67.4	67.5	65.1	64.1
电动车(辆)	40.3	45.4	50.1	57.7	61.1
计算机(台)	20.0	23.5	25.7	27.9	29.2
移动电话(部)	199.5	215.0	226.1	240.7	246.1
热水器(台)	43.6	48.2	52.5	59.7	62.5

数据来源:国家统计局。

农村居民食品消费也呈现3个显著变化(见表2)。一是农村居民谷物消费平稳下降,更加追求食物品种的多样性和质量。农村居民恩格尔系数从2012年的39.3%下降至2017年的31.2%,食品消费已经从"吃饱"向"吃好"转变。二是豆类、蛋类、奶类食品消费快速增长。三是干鲜瓜果的消费快速增长。这些变化背后所需要的公共服务支撑是:超市等综合购物

① 参见樊纲、王小鲁:《消费条件模型和各地区消费条件指数》,《经济研究》2004年第5期。

② 参见胡日东、苏梽芳:《中国城镇化发展与居民消费增长关系的动态分析——基于VAR模型的实证研究》,《上海经济研究》2007年第5期。

设施的改善、物流配送基础设施的改善、生态环境保护及土地水资源污染的防治以及食品安全监管体系的改善。

表2 农村居民人均主要食品消费量

（单位：千克）

食品	2013年	2014年	2015年	2016年	2017年
谷物	169.8	159.1	150.2	147.1	144.8
豆类	6.0	6.2	6.6	7.3	7.1
食用油	10.3	9.8	10.1	10.2	10.1
蔬菜及食用菌	90.6	88.9	90.3	91.5	90.2
肉类	22.4	22.5	23.1	22.7	23.6
蛋类	7.0	7.2	8.3	8.5	8.9
奶类	5.7	6.4	6.3	6.6	6.9
干鲜瓜果	29.5	30.3	32.3	36.8	38.4

数据来源：国家统计局。

农村居民各类服务性消费支出均快速增长（见表3），过去5年住房、教育文化娱乐、医疗、交通和通信等消费项目年均增速均超过12%，在农村居民家庭消费支出的占比不断加大。其背后所需要的公共服务支撑包括：乡村人居环境的改善、教育医疗养老等基本公共服务的均等化和优质化、交通和通信服务的便捷以及政府行政服务能力的改善。

表3 农村居民人均消费支出

（单位：元）

服务性消费	2013年	2014年	2015年	2016年	2017年	2018年
居住	1579.8	1762.8	1926.1	2147	2354	2661
教育文化娱乐	485.9	859.5	969.3	1070	1171	1302
医疗保健	668.2	753.9	846.0	929	1059	1240
交通和通信	874.9	1012.6	1163.1	1360	1509	1690
生活用品及服务	608	604	592	596	634	720

数据来源：国家统计局。

二、农村公共服务和基础设施建设 取得明显进展，但与居民需求 相比仍是发展短板

"十三五"期间我国农村基础设施建设取得显著进展。在交通设施方面，截至 2017 年年底，全国农村公路里程达到 400.93 万公里，其中县道 55.07 万公里，乡道 115.77 万公里，村道 230.08 万公里。通公路的乡镇占全国乡镇总数 99.99%（其中通硬化路面的乡镇占比达 99.39%）；通公路的建制村占全国建制村总数 99.98%（其中通硬化路面的建制村占比达 98.35%）。① 农村公共汽车客运已经覆盖绝大多数建制村，居民出行条件得到极大改善。在用电设施方面，随着青海省最后 3.98 万无电人口在 2015 年年底实现通电，我国已经全面解决无电人口用电问题。在饮水安全方面，我国深入推进"农村饮水安全巩固提升工程"，各地规划总投资 1317 亿元，农村受益人口 2.08 亿。农村自来水普及率将由 2015 年的 76% 提高到 2020 年的 80% 以上。在灌溉设施方面，2017 年全国灌溉面积 73946 千公顷，耕地灌溉面积达到 67816 千公顷，占全国耕地面积 50.3%。在水资源保护方面，全国各省区市建立河（湖）长制，明确省、市、县、乡四级河（湖）长 30 多万名，设立村级河长 60 多万名，党政负责、水利牵头、部门联动、社会参与的工作格局基本完成。② 在清洁能源使用方面，农村"煤改气"工程正在稳步推进，部分县市农村天然气普及率达到 90%，但"煤改气"带来的农村用气价格贵、用气安全等问题仍需要重视。

---

① 参见交通运输部：《2017 年交通运输行业发展统计公报》。
② 参见水利部：《2017 年全国水利发展统计公报》。

表4 全国农村重要基础设施建设情况（2017 年）

农村公路里程	通公路建制村比重	用电人口比重	耕地灌溉面积	耕地灌溉面积比重	自来水普及率（2015 年）	五级河（湖）长	互联网普及率
400.93万公里	99.98%	100%	67816千公顷	50.3%	76%	>90 万名	36.5%

数据来源：交通运输部、水利部、国家信息中心。

农村义务教育普及成果得到巩固，办学条件进一步改善（见表5），资源配置均衡化程度有所提高。2017 年，全国农村小学招生 1136.5 万，同比下降 2.1%；初中招生 997.2 万人，同比增长 2.4%。农村初中配备中级及以上职称教师比例为 59.7%，城乡差距缩小到 4.2 个百分点。农村小学生均仪器设备值相当于城市小学的 71.4%，初中相当于城市初中的 75.2%。农村小学接入互联网的比例为 95.9%，城乡差距进一步缩小；初中接入互联网的比例为 98.7%，城乡间已无差距。①

表5 全国乡村办学条件（2017 年）

| 办学条件 | 占地面积（万平米） | | | 图书（万册） | 计算机数（万台） | | | 教室（万间） | |
| | 合计 | 其中 | | | 合计 | 其中：教学用计算机 | | 合计 | 其中网络多媒体教室 |
		绿化用地面积	运动场地面积			小计	其中平板电脑		
幼儿园	16874.9	2899.7	5417.1	6443					
小学	115877.7	19393.2	32653.0	68198.8	380.6	320	8.7	167.9	7.1
初中	36963.9	6949.5	9524.0	27630.8	132.6	109	3.2	36.2	2.0

注：以上数据为村级办学条件，不含镇区及城乡接合部。
数据来源：教育部。

农村三级医疗服务体系建设和农村新型合作医疗不断深入，在缓解农

_____
① 参见教育部：《中国教育概况——2017 年全国教育事业发展情况》。

村因病致贫返贫方面起着重要作用。截至 2018 年 11 月底,全国基层医疗卫生机构 95.0 万个,其中乡镇卫生院 3.6 万个,村卫生室 63.0 万个,诊所(医务室)22.8 万个。基层常见病诊疗能力进一步提高,2018 年 1—11 月乡镇卫生院诊疗人次 9.4 亿,同比提高 1.4%;村卫生室诊疗人次 16.4 亿。① 新农合参合人数超过 8 亿人,参合率超过 100%。新农合跨省结算和异地就医"一站式"报销制度逐步建立。

农村公共服务和基础设施条件的改善,带来农村居民对当前生活状况的满意度进一步提升。根据"中国民生调查"课题组调查数据显示,2017 年农村居民认为生活改善的比例达到 51.40%,同比提高 4.85 个百分点;认为生活恶化的比例为 11.27%,同比大幅下降 8.36 个百分点。从具体各民生领域的满意度调查结果看,2017 年农村居民对食品安全、环境的满意度明显改善,但对住房、医疗等领域的满意度有所下降(见表 6)。②

表 6 农村居民生活满意度调查(2016—2017 年)

年度	认为生活改善(%)	认为生活恶化(%)	交通满意度	住房满意度	教育满意度	医疗满意度	食品安全满意度	环境满意度
2016	46.55	19.63	63.13	64.69	62.20	60.54	59.83	63.65
2017	51.40	11.27	62.36	62.44	62.00	59.05	62.85	66.07

数据来源:国务院发展研究中心,中国民生调查 2018。

随着乡村振兴战略和脱贫攻坚的深入实施,除传统的交通、水利、通信等基础服务外,金融、文化、人居环境等农村新型公共服务需求不断出现并亟待改善。例如,普惠金融需进一步向农村地区特别是贫困边远地区覆盖。

---

① 参见卫健委统计信息中心:《11 月底全国医疗卫生机构数》《1—11 月全国医疗服务情况》,2018 年。

② 参见国务院发展研究中心课题组:《中国民生调查 2017》,中国发展出版社 2018 年版。

乡镇金融机构网点、行政村基础金融服务、县级综合征信中心等农村地区金融服务基础设施建设以及公共服务项目支持力度有待加强。受制于农村有效信贷需求不足、农户可抵押资产较少等因素，涉及"三农"的金融产品创新业务审批较为严格，金融机构对涉农、小微、科技、扶贫等领域的信贷支持力度仍然不足，农村金融服务的可获得性需要提高。此外，农村公共文化服务供给也严重不足，乡镇各类图书馆、博物馆、文化信息资源共享工程、文化站（室）等设施比较欠缺。不少地区建设了村级文化广场，但存在维护经费不足、公共文化产品较少、政府提供文化产品与农村需求不衔接等问题，农村文化设施的使用率比较低，文化服务与农民生产生活的联系并不紧密。

三、以完善公共服务体系、提高公共服务质量为抓手，提升农村公共服务的可获得性和农村居民的获得感

农村公共服务事关基本民生，事关乡村振兴和基层治理的成效。要落实城乡融合发展要求，以全面提高农村居民生活质量和文明素养为根本，加强顶层设计，科学合理规划，建立农村公共服务体系，创新服务供给机制，切实提高农村公共服务的覆盖面和质量水平。

（一）科学规划农村社区建设

社区是提供基层公共服务、汇聚民生需求、建设居民生活共同体的基本形式。我国在 2015 年开展全国农村社区建设试点。以社区为集成平台，农村公共服务的可获得性明显提高。由于农村地区居住分散，农村社区建设具有地域上的客观限制，加上试点工作具有一定的探索性，各地农村社区建设模式不一，有"多村一社区""一村一社区""一村多社区"等模式，存在社区布局不科学，社区规模过大或过小的情况，影响农村社区建设的整体谋

划、统一推进和公共服务资源的合理配置。要进一步优化农村社区规划布局。按照便于服务管理、便于居民自治、便于资源配置的要求，合理确定农村社区范围以及公共服务设施布点，引导农村基础设施和服务资源有效配置。编制农村社区布局规划时，应充分考虑不同区域、不同经济发展水平、人口流动情况等实际，分类有序推进。对于经济发展水平高、基础条件好的农村，重点加快完善社区治理体制机制，推进社区服务标准化，搭建社区治理和公共服务平台；对经济相对落后，但具有资源禀赋优势的农村，重点推进环境综合整治，大力发展生态旅游等新经济业态，进一步完善基础设施建设。

（二）建立城乡一体的公共服务体系

公共服务一体化是城乡融合发展的关键。要结合当前各地基层治理平台建设工作，推动农村公共服务信息化、集成化、便捷化发展。重点要解决好几个问题。一是解决好县乡行政服务中心向村级延伸的问题。有条件的地区建立村级行政服务站，形成县乡（镇）村三级政务平台，推动"最多跑一次"改革向乡村延伸，实现"一站式""一窗通办"的行政服务模式在乡村全覆盖。条件相对困难及交通不便地区，由乡镇在村里设立政务服务办理点，建立流动办事办件机制，配合驻村工作队伍，定期上门提供政策咨询、就业指导、社会保障等基本公共服务。二是建立省市县乡一体化的政务服务信息平台，统一基层公共数据、统一服务信息系统、统一 APP 应用端口，打通省级数据平台、各垂管部门系统和基层政务服务平台、基层综治信息平台的数据协同，提高乡村网上办事点开通率，为农村居民提供便捷高效、线上线下相结合的公共服务。三是加快发展农村金融等新型公共服务。推进农村金融基础设施建设，建立农村地区支付服务平台，完善农村信用体系，提高征信服务质量，引导金融机构增强涉农金融服务的积极性，探索农村两权等新型抵押方式，为农村经济振兴、农民返乡创业提供良好金融服务保障。

（三）创新农村公共服务供给机制

大力发展多方主体参与农村公共服务供给。主要基于两个因素。一是完善农村公共服务体系需要大量资金投入。近年来各地推进美丽乡村建设，规划定位都比较高，环境整治、公共服务、基础配套等工程量大，项目多、任务重。目前，各地建设投入主要以省市财政补助资金为主整合各类涉农项目资金，但与建设资金总需求相比缺口仍然较大。二是如果仅由政府作为单一主体为农村提供公共服务，服务内容的个性化和服务的专业化水平均受到限制。增加农村公共服务供给，要以政府财政资金为牵引，探索建立市场化、社会化投入机制，通过政府采购、以奖代补、民办公助等方式，鼓励企业、社会组织等多元主体参与到农村公共服务和基础设施建设中来。地方公共财政主要负责农村治安、环卫、社保、基础教育等基本公共服务的投入，而市场化社会资金可在农村居民社区服务、医疗养老、文化娱乐等方面提供更多的专业化、个性化服务。

（四）因地制宜发展农村社区新形态

发挥农村特有的土地、森林、草原、河流等自然资源禀赋优势利用民俗名胜、古村落等历史人文条件，以发展农村特色产业、改善生态和人居环境、吸引"逆城镇化"人群、发掘历史文化资源等多种途径，因地制宜探索农村特色小镇、田园综合体、休闲观光基地、康养小区等农村社区建设新形态，推进农村产业、田园、社区、人文和公共服务的有机融合与协调发展。2014年，农业部发布了我国美丽乡村建设的十种有效模式，包括产业发展型、生态保护型、城郊集约型、社会综治型、文化传承型、渔业开发型、草原牧场型、环境整治型、休闲旅游型、高效农业型，分别代表典型地区农村利用自然资源禀赋和文化民俗特色，提高发展水平和人居环境的成功做法。这些模式既可凸显自身特色，又可相互兼顾、协调发展。例如，浙江省永嘉县开展楠溪源头田园综合体省级试点,推进楠溪云鼎等 14 个总投资 110 亿元重大农业项目建设,打造了一批集产业园、科技园、创业园功能为一体的现代农业园区,农村产业实现全面转型升级,农村人居环境、基础设施建设和公共服务水平得到大幅度提升。

(五)理顺乡村治理体制机制

高质量的农村公共服务离不开高效率的乡村治理机制。随着各级政府部门资金资源、公共服务、工作任务不断向农村延伸,农村公共服务中部门条块分割、各自为政的问题普遍存在。整合公共资源、理顺治理机制的任务比较紧迫。首先,要解决好管理服务职能在乡(镇)与行政权力在县的矛盾,协调乡(村)级机构与县各部门派驻机构的工作关系,对职能接近、职责交叉管理服务事项进行整合或加强协作配合,形成农村工作合力。其次,加快完善农村基层治理体制机制,发挥党组织的领导核心作用,拓展基层党组织覆盖面,理顺农村基层党组、村民自治组织、集体经济组织、公共服务站之间的职能边界和工作关系。落实好农村基层自治组织民主选举、民主决策、民主管理、民主监督的各项制度,保障村民在公共服务和基础设施建设中的决策主体、管理主体和监督主体作用。最后,推进农村社区工作体制创新。搭建社区共建理事会、乡贤参事会等平台,扩大农村居民参与;健全农村公共设施共建共管共享机制,对环境卫生、公共文化、道路养护、水利设施等,设立管理台账,明确管护职责,推动标准化管理;完善农村矛盾纠纷化解体系,及时回应协调农村居民合理合法诉求,有效预防并就地化解矛盾纠纷;推进农村法治建设,对涉法涉诉事项,引导群众依法解决。

(六)完善农村流动人口公共服务

我国跨省农业户口流动人口超过 5500 万人,经济发达地区农村外来人员集聚、"人口倒挂"的现象普遍存在。例如广东跨省流入人口占全国总量的 1/3,部分农村非户籍常住人口占总人口比例超过 80%。农村流动人口快速增长,对流入地的治安、计生、教育、医疗、住房、消防、城市执法、环卫、交通等公共服务承载能力带来巨大挑战。目前,流入地对外来流动人口的联系服务覆盖面普遍较少,流动人口参与基层治理亦缺少渠道,积极性不高。提高农村流动人口管理服务能力、推动农村治理从"二元结构"向融合发展转变的任务十分艰巨。一要将农村流动人口全面纳入流入地社会管理工作体系中,通过以屋管人、以企业管人、以学校管人、以旅业管人等渠道,加强人口登记和信息管理,纳入大数据管理平台,实时掌握群体动态、引导有序融入。二要加快推动流动人口与户籍人口政务服务无差异化和基本公共服务均等化,完善流动人口子女教育入学、医疗保险和住房保障。根据流动人口特点,有针对性和专业性的服务项目,努力逐步实现公共服务全体共享。三要引导流动人口有序参与社会治理,放宽非户籍常住人口及党员参加常住地村级"两委"选举限制,更多参与集体经济组织、社区理事会、村务议事会,逐步将非户籍党员和骨干人员吸纳进入村(居)基层组织,促进流动人口更好地实现社区融入。

（刘理晖执笔）

人口流动对乡村社会治理的影响及对策

人口流动是现代化进程中的必然现象,大规模的人口流动能够促进劳动力优化配置,推动经济快速发展。改革开放以来的一个重要特征事实便是随着市场化、城镇化的推进,乡村人口大规模涌向城镇和发达地区。我国乡村人口数量经历了先增后减的历程,由 1995 年 8.59 亿人的峰值减少到 2018 年的 5.64 亿人,其占全国人口的比重也在逐步下降(图 1)。从社会经济发展趋势看,这种下降几乎是不可逆的。因为基于人口结构模型的预测显示,中国城镇化程度会持续提高,农村空心化将日趋严重。①

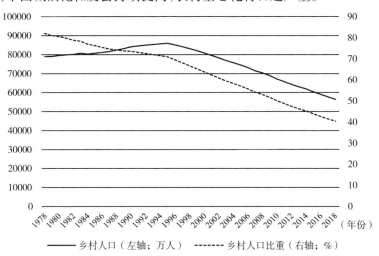

图 1　改革开放以来我国乡村人口变动情况

资料来源:根据国家统计局数据整理绘制。

————————

① 参见李建伟、周灵灵:《中国人口政策与人口结构及其未来发展趋势》,《经济学动态》2018 年第 12 期。

毋庸置疑,人口流动会对乡村社会治理带来深远影响。逻辑上,人口流动会改变乡村人口结构,带来乡村社会结构的变化,进而影响到乡村社会治理。这种影响既体现在流出地乡村,也表现在流入地乡村,既有积极效应,也有负面影响。从文献看,人们大多侧重于对流出地和城镇的探讨,而有意无意忽略了对流入地乡村的影响。这种现象有其合理性,毕竟大多数流入地属于城镇而非乡村,但也有特殊情况。典型的如,珠三角地区农村高度城镇化,当地不少乡村有大量外来人口在村级工业园就业生活,局部地区甚至还有"代耕农"现象。① 本报告结合调研情况,探讨人口流动对乡村社会治理的影响并提出政策建议。

一、人口流动对流出地乡村社会治理的影响

(一)对流出地乡村社会治理的积极影响

寻求更好的工作和发展空间是人口流动的基本动因。与乡村相比,城镇无疑能提供更多更好的就业机会、教育和医疗卫生服务,这种发展差异是人口"乡—城流动"的根本驱动力。人口流动对流出地乡村社会治理的积极影响主要体现在收入和消费水平、生态环境、思想认识和技能习得等方面。

1. 人口流动有助于优化乡村经济结构,提升农村居民收入和消费水平,为乡村社会治理奠定较好的经济基础。乡村人口流动对就业、收入和消

---

① "代耕农"现象是 20 世纪八九十年代社会经济发展的产物。当时,珠三角地区二、三产业快速发展,许多农民纷纷"洗脚上田",大片粮田丢荒弃耕。对此,基层政府和干部通过各种关系联系本省或邻省边远地区农民来代耕农田,久而久之形成了特殊的"代耕农"群体。但由于种种原因,户口、子女入学等问题一直困扰着"代耕农",成了一个错综复杂的遗留问题。为解决这些问题,2007 年以来,广东省农业农村厅专门做了几轮调查。广东不少地方制定了相关政策,如珠海市人民政府 2015 年 6 月 15 日印发《关于解决我市代耕农问题的指导意见》。总体上,目前的"代耕农"已是第三代、第四代,从调研看,其享有的社会福利和公共服务水平跟当地居民已基本等同。

费结构的改善作用甚大。我国第一产业的就业比重从 1978 年 70.5% 降到了 2018 年的 26.1%,农村居民人均可支配收入从 2013 年 9430 元增加到 2018 年 14617 元,农村人均消费支出从 2013 年 7485 元增加到 2018 年 12124 元(图 2)。改革开放初期农村居民人均收入的 66.3% 来自集体统一经营,来源比较单一,2018 年工资性收入则占到了农村居民人均可支配收入的 41.0%①,收入来源益加多元化。消费结构方面,改革开放初期农村居民的消费支出主要用于解决温饱,恩格尔系数高达 67.7%,2018 年农村居民恩格尔系数降到了 30.1%,消费升级态势明显。

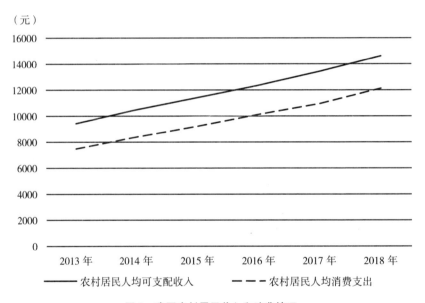

图 2　我国农村居民收入和消费情况

资料来源:根据国家统计局数据整理绘制。

　　2. 人口流动有助于改善农村生态环境,为"美丽乡村建设"提供优良的自然条件。在几乎所有的具有二元经济结构特征的国家和地区,农村劳动

---

　　①　工资性收入反映了农民通过各种途径得到的劳动报酬和福利(包括受雇于单位或个人、兼职和零星劳动得到的全部劳动报酬和福利),是非农就业或非自雇工作的体现。

力剩余都是一个基本经济特征。长期以来,农村剩余劳动力的庞大总量和高比例,也是中国的一个重要国情特点。可以说,城镇化的快速推进、二元经济结构的逐步消解与农村剩余劳动力的持续转移是相伴共生的。从治理的角度看,当农村存在大规模剩余劳动力时,资源环境的承载压力较大,加上过密化的生产方式,生态环境极易遭受破坏。比如研究表明,农村生态环境压力较大的地区主要分布在人口众多、农业集约化程度较高、乡村工业较发达的地区,农药化肥、畜禽养殖业污染应是重点控制的农业面源污染类型。① 当村民大规模外出务工经商后,乡村资源环境的压力会大幅减小,乡村生态环境有了缓冲空间。当然,这不是绝对的,因为伴随着人口外流、监管不力,存在城镇垃圾向农村地区偷偷转移的现象。

3. 人口流动有助于提升农民的思想认识和技能水平,为乡村社会治理营造良好的现代化氛围。中国现代化进程的关键在于乡村的现代化、在于农民的现代化。乡村人口流入城市工作生活或多或少能接触现代科学技术及先进理念,视野得到开阔,技能水平得到提升,思想观念进一步解放,有助于培养新的乡村精英。这些人回乡后往往能产生较好的示范效应,能对乡村生产和生活方式带来积极影响,可以从中培养、选拔村干部,优化乡村干部队伍的构成。总之,在乡村振兴战略推进过程中,支持掌握特定技术技能的农民工、高校毕业生等人员返乡创业,参与村庄管理,有助于改善乡村社会治理形态、促进农村第一、二、三产业融合发展。

(二)对流出地乡村社会治理的负面影响

虽然乡村人口流动能带来一些积极效应,但其负面影响也是很明显的,突出的如,乡村人口和人才大量流出不仅在一定程度上冲击着农业的基础

---

① 参见梁流涛:《农村生态环境时空特征及其演变规律研究》,南京农业大学博士论文,2009 年。

地位,影响农村经济发展,还会动摇固有的乡村秩序,影响乡村社会稳定和基层建设。

1. 人口流出导致不少乡村面临较为严重的人口结构失衡问题,不利于乡村经济发展和乡村社会治理。中国流动人口动态监测调查显示,人口流出导致农村留守儿童、留守老人现象普遍存在,留守儿童约占农村儿童总体的35.6%、留守老人则占农村老人总体的31.8%。青壮年劳动力大量外出使得留守儿童的教育、留守老人的养老和医疗护理问题愈加严峻,给乡村经济发展和社会治理带来巨大压力。第三次全国农业普查数据显示,我国农业生产经营人员的年龄结构明显老化,55岁及以上的农业生产经营人员占比高达33.6%。杜鹰对安徽阜阳、江西抚州、四川达州等三个农业大市的调研也显示,农村劳动力仍在大规模外流,安徽阜阳农村外出打工人员高达350万人,占当地农村劳动力总数的65.2%,江西抚州、四川达州农村外出打工人员分别为81万人和183万人,分别占当地农村劳动力人数的42.0%和62.5%(图3)。外出打工的年龄段主要集中在20—49岁,也就是说,流出的主要是青壮年劳动力。① 这显然不利于乡村经济发展。例如,呼和浩特市土默特左旗毕克齐镇大古城村留在村内劳作的村民人数不足200人,其中最年轻的劳动力是46岁,因严重缺乏青壮年劳动力和农业科技人才,导致不少农业生产大棚处于闲置状态。

2. 人口流动加剧了流出地乡村的人才流失,部分乡村公共事业管理和社会治理因人才匮乏陷入困境。如果按人力资本水平排列,劳动力转移通常是按高低次第进行的,实现了转移的劳动力,往往是人力资本水平较高、转移能力较强的劳动者群体,而尚未转移出来的农村劳动力,大都是转移就

---

① 例如,根据杜鹰的调研数据测算,抚州市金溪县陆坊乡桥上村20—49岁外出打工的人数占该年龄段总人数的65.42%,达州市大竹县庙坝镇花板桥村20—49岁外出打工的人数则占该年龄段总人数的73.0%。

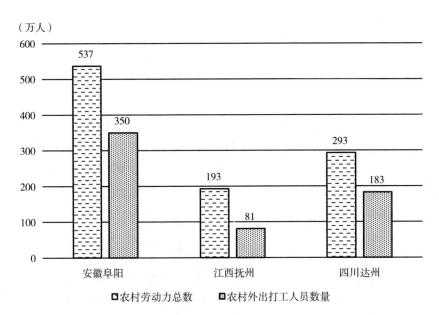

图3　三个农业大市农村外出打工人员情况

资料来源:根据杜鹰《从三个农业大市看乡村人才振兴——安徽阜阳、江西抚州、四川达州调研报告》数据绘制。

业中易遇到困难的群体。①　如此一来,留守农村的大都是妇女、儿童、老人等"三留守"群体,不少乡村甚至连留守妇女也不太多,几乎只剩老人和小孩。从留守群体看,乡村人力资本结构显然在劣化。而且,乡村教师也在流失和错配,乡村基础教育质量堪忧。"中国教育财政家庭调查2017"显示,乡镇教师每天的工作时间要比县城教师多0.8小时,教学任务较重,加上职业发展空间有限,乡村很难吸引和留住优质师资,尤其缺乏音体美专业教师。

我们在甘肃、湖南、山西、内蒙古等地乡村调研时,就有不少乡镇干部直言基层工作难做,乡村青壮年劳动力和人才流失严重,村"两委"换届时往

———————

①　参见蔡昉:《刘易斯转折点——中国经济发展新阶段》,社会科学文献出版社2008年版,第35—40页。

往会因村干部"难选""难留"等问题头疼,有时候不得不"矮子里面选将军"。① 以广东为例,全省村支书的平均年龄是 48 岁,村主任的平均年龄是 46 岁,年龄普遍偏大,这在粤东、粤西等传统农业型村庄更为突出。村"两委"干部学历普遍偏低,难以参加公务员、事业单位公开招考,缺乏成长空间,党支部书记基本就是村干部的"天花板"。总体而言,相较于广东、江苏等沿海发达地区,甘肃、湖南、山西、内蒙古等中西部地区由于传统文化和人力资源等因素制约,乡村社会治理行政主导色彩较为浓厚,村"两委"功能比较单一,存在职能错位、权力失范和"虚置化"等问题,农村权力精英类型单一、结构趋同较为明显,乡村人才队伍建设刻不容缓。

3. 人口外流加剧了流出地乡村的婚姻挤压风险,给乡村社会稳定及治理带来较大压力。出生性别比失衡累积效果造成的同龄适婚女性短缺,只是农村男性婚姻挤压的一个诱因,更直接的原因是农村女青年初、高中毕业后大规模流向城镇就业或就学,而甚少回乡就业生活,导致农村适龄女性稀缺。我们对甘肃、山西、湖南一些偏远乡镇的调研显示,20 世纪 90 年代甚至十年前,当地男青年在邻村或本乡镇就能找到对象,现在则需要跨好几个村镇相亲,500 人左右的村庄甚至会有二三十个成年男性找不到对象。由此,不少农村青壮年男性为了找对象而奔赴城镇就业生活,一方面是为了应对农村日渐高涨的彩礼而积蓄资金,同时也是为了扩大婚姻市场搜寻范围、提高婚姻匹配的概率。

4. 人口流动会导致外出人员的部分政治权利流失,不利于乡村基层民主建设和公共事务决策。从流向看,"跨省流动"和"省内县外"是人口流动的主要方向。这意味着村民外出务工后,同家乡的空间距离通常会比较大,导致他们难以了解家乡实际情况。特别是涉及村庄重要公共事务决策时

---

① 杜鹰对阜阳、抚州、达州的调研也表明"农村本土人才流失严重,培养乡土人才力度不够""村干部难选、难当、难留、待遇低"(杜鹰:《从三个农业大市看乡村人才振兴——安徽阜阳、江西抚州、四川达州调研报告》,"清华三农论坛 2019",2019 年 1 月 12 日)。

（如村"两委"换届选举、低保户和贫困人口认定），在外务工或生活的村民往往难以顺畅表达自己的利益诉求，影响其对自身权利的行使。近年来尽管邮寄选举、委托选举、视频会议等多种方式在一定程度上给外出务工村民行使自身的政治权利提供了条件，但其效果跟村民在现场亲自参与是有差别的。更有甚者，存在村民不知情或故意歪曲信息等恶劣情形，外出村民的政治权利难以得到有效保障。这些都是人口流动背景下，乡村社会治理亟须关注和解决的问题。

二、人口流动对流入地乡村社会治理的影响

人口流动除了对流出地乡村社会治理产生影响，对流入地乡村社会治理也会带来相应冲击，主要体现在以下两个方面。

（一）人口流动改变了流入地乡村的人员构成状况，增加了流入地乡村社会治理复杂性

人口流动会增加流入地乡村社会治理的复杂性，典型的当数珠三角地区。调查组在广州、佛山、东莞等地调研看到，当地乡村高度城镇化，不少农民工聚居在"城中村"。例如，佛山市南海区经济社会发展水平高，吸引了大量外来人口前来工作生活，2017 年南海区户籍人口数是 141 万人，而登记在册的流动人口却高达 185 万人；东莞非户籍常住人口与本地户籍常住人口的比例高达 3∶1，"人口倒挂"现象突出。

对流入地乡村而言，还存在着外来人口与本地居民的融合问题，容易触发"本客矛盾"。特别是在村庄和社区公共事务参与、基本公共服务的保障及服务方面，容易多发矛盾。民间纠纷也由过去的邻里矛盾、婚姻家庭等常见性纠纷向专业性、行业性、复杂性和群体性等多元社会矛盾转变，流入地乡村社会治理压力凸显。这方面，南海区的实践探索值得认真总结借鉴。

南海区 2009 年开始开展"平安村居"创建工作,2012 年基本实现"平安村居"全覆盖,2012—2017 年"平安村居"维持率均达到 95% 以上。以桂城街道平东社区为例①,2014 年以来该社区借助南海区全面开展驻点直联工作的契机,坚持以党委为核心,以网格直联为抓手,通过社区治理精细化、公共服务均等化和文化共融多元化三大举措推进融和共治,逐步探索出一条与开放型产业链条相适应的开放型社区融和治理体系。

作为人口流入地,南海区的乡村社会治理做得好,除了领导有方、勇于探索、积极作为外,一个关键因素还在于高质量的村"两委"干部队伍。目前,南海区村及"村改居"社区共有"两委"干部 1277 人。其中,大专及以上学历干部 1112 人,占比 87.1%,这样的高学历村"两委"干部队伍是其他地区难以比拟的。因为从广东全省看,大专及以上学历的村支书比例仅为23.3%,大专及以上学历的村主任比例只有 18.0%,南海区村和"村改居"社区"两委"干部的受教育程度显然远优于广东省平均水平。

(二)人口流入给流入地乡村基本公共服务供给带来巨大压力,亟须加强财政投入、放宽激活编制资源

人口流动在改变人口分布格局的同时,也改变了公共服务的地区供求态势,这就要求调整公共服务资源的配置方式,加快实现基本公共服务由户籍人口向常住人口扩展,避免供需脱节。目前的实际情况是,不少公共服务仍以户籍人口为基础进行配置,这就导致流入地的基本公共服务供不应求。以教育为例,不少流动人口子女只能在师资条件差、教育资源少的民工子弟学校接受教育,或者被迫返乡就学。调查组在广东调研发现,尽管当地政府高度重视并积极采取措施解决流动人口子女教育问题,但依然有相当比例

---

① 桂城街道平东社区位于广州和佛山交界处,辖区面积约 1.73 平方公里,常住人口2.32 万人,其中户籍人口 5200 多人,非户籍常住人口 18000 人。

的流动人口子女未能入读当地公办义务教育学校。例如,2018 年广东 332 万异地务工人员随迁子女学生中,入读当地公办义务教育学校的随迁子女只有 167 万人,只占异地务工人员随迁子女学生总数的 50.2%,尚有一半的流动人口子女未能入读当地公办义务教育学校。

问题的另一面是,人口净流入地区教师编制资源急缺。2018 年珠三角地区公办小学在校生为 325.3 万人,按照现行师生比核定标准,应核定教职员编制 17 万余名,但实际上只核定了 15 万余名,只占应核定编制数的 85%,其余 15%(2 万余名)教职员工的编制缺口受现行制度限制无法增加,不少公办学校不得不以"临聘教师"的方式满足教学需求。

三、主要政策建议

本报告基于广东、湖南、甘肃、山西、内蒙古等区域调研情况,探讨了人口流动对乡村社会治理的影响。尽管人口流动有助于优化乡村经济结构、提升农村居民收入和消费水平,有助于改善农村生态环境、提升农民的思想认识和技能水平,但其负面影响也是不容忽视的。对部分乡村而言,人口流动的负面效应甚至大于积极作用,处理不当会影响乡村振兴战略的实施效果。鉴于此,本报告认为在总的政策架构上应着力构建以常住人口为本的乡村社会治理政策体系。

(一)人口流出地乡村社会治理的政策着力点

1. 壮大农村集体经济,夯实治理基础。俗话说"手里没把米,唤鸡也不灵"。从现实看,农村集体经济弱化,使乡村社会经济协调发展失去了集体积累和综合统筹的机制性保障。亟须选优配强村庄带头人,加强镇村两级农经体系建设。进一步放宽农村基本经营制度,可以探索组建村集体股份有限公司、集体资产管理公司或其他法人类型的经济组织,法人以其财产或土地使用权进行投资,不断壮大农村集体经济,让乡村社会治理具备较为坚实的经济基础。

2. 加强乡村人力资本投资,优化县域人力资源配置。当前的乡村建设仍偏重于抓资金、上项目,对人力资本重视不够。调研显示,部分乡镇干部根本就没有认识到技能培训的重要性,缺乏乡村人力资本投资的长远考虑,过于热衷立竿见影的房屋改造、道路交通和农田水利建设,使得乡村投资领域越发集中、狭窄,而"人的现代化"短板却迟迟没能补上。为今之计,需立足乡村社会治理和乡村振兴实际需要,聚焦村干部和村集体经济负责人、农村实用人才、农业科技人才、下乡返乡创业人才、乡村教师和乡村医生等人才类型,强化乡村人力资本投资,在县域内统筹专业人才使用,创新人才制度,优化人力资本配置、提高人才管理和服务效能。

3. 合理引导人才回流,建立城市人才入乡激励机制。随着工业化、城镇化深入推进,乡村人口外流还将持续较长的历史时期。基于这一事实,要统筹好人口流出和人才回流工作,合理引导乡村振兴和社会治理亟须的人才回流。党和政府很重视这方面的工作,近年来陆续发布了系列重要文件。例如,2015 年 6 月 21 日国务院办公厅印发《关于支持农民工等人员返乡创业的意见》(国办发〔2015〕47 号),2016 年 11 月 29 日印发《关于支持返乡下乡人员创业创新促进农村一二三产业融合发展的意见》(国办发〔2016〕84 号)。特别是 2019 年 5 月 5 日发布的《中共中央国务院关于建立健全城乡融合发展体制机制和政策体系的意见》,提出"建立城乡人才合作交流机制,探索通过岗编适度分离等多种方式,推进城市教科文卫体等工作人员定期服务乡村。推动职称评定、工资待遇等向乡村教师、医生倾斜,优化乡村教师、医生中高级岗位结构比例。引导规划、建筑、园林等设计人员入乡。允许农村集体经济组织探索人才加入机制,吸引人才、留住人才"。这些文件及相关举措有助于引导返乡下乡人员创业创新,夯实乡村人才基础,是推动乡村振兴、提升治理水平的重要法宝,建议就此制订专项引才计划(规划)。

4. 调整村委会选举时间,保障外流人口政治参与。春节前后这段时间是外出务工人口的返乡高峰期。建议将村委会的换届选举时间调整到春节前后,这样不仅能最大限度地保证村民广泛参与,保障外出务工人员行使政治权利,还有利于选出更合适的村"两委"干部。与此同时,尽可能扩大流动人口在流入地的政治参与,比如参与社区事务管理、担任楼道长、协管员等,增强流动人口的归属感,促进流动人口社会融合。

5. 适当进行"合乡并村",建立新型农村社区。我国大部分农村仍然延续"大分散、小集中"的传统居住模式,村庄格局没有发生太大改变。在城镇化深度推进、乡村人口大量外流的背景下,适当进行"合乡并村"很有必要。这一方面有利于土地、资金等资源的优化配置,避免乡村基础设施重复建设、提高公共设施利用率。另一方面,通过"合乡并村"可以给基层政权"瘦身",提高乡村社会治理效能。在有条件的地方可以建新型农村社区,改善村民的生产和生活条件。譬如,根据实际情况科学编制乡村规划,将边远村落的留守村民向中心村集中,建设新型农村社区。可以选择乡镇所在地或交通便利、经济条件较好的村庄作为中心村,通过完善公共设施、优化居住环境、增强村级服务功能吸引周边村民的加入。通过新型农村社区建设,可以使留守的村民相对集中居住,这样既方便相互照应,也契合人口流动背景下的乡村社会治理需求。

6. 整合乡村社会资本,规范乡村社会治理。社会资本是乡村社会治理不可忽视的重要方面,其核心特质可归结为信息共享、群体认同和公开合作。[①] 对广大乡村而言,家族、宗族和姻亲是乡村社会资本的主要形式。在组织化程度低的地方,家族、宗族往往成为村庄资源配置的主导力量。这样

---

① Cf. Durlauf, Steven N., M. Fafchamps, "Social Capital", NBER Working Paper, 2004, No. 10485. 社会学家认为,社会资本是实际或潜在的资源集合,这些资源与由相互默认或承认的关系所组成的持久网络有关,而且这些关系或多或少是制度化的。

好的方面是,可以借助其凝聚力和号召力来培育村民的责任感,维持和谐有序的乡村治理格局。当然其负面效应也很明显,家族、宗族过于强大会对乡村社会治理造成威胁,扰乱乡村秩序。尤其是在"一姓独大"的村庄,家族或宗族势力往往容易垄断村庄公共权力,破坏村民自治。应注意整合乡村社会资本,引导其更好地服务乡村和地方社会治理,确保治理的法治化和规范化。

(二)人口流入地乡村社会治理的政策着力点

1. 完善非户籍人口对常住社区(村居)管理的参与机制,将流动党员纳入属地管理,畅通非户籍常住人口表达意见的渠道。广东在这方面做了不少颇有价值的探索。2017 年广东省以村"两委"换届选举为契机,率先推进非户籍常住居民及党员参加常住地村"两委"选举试点工作,引导非户籍常住人口有序参与常住地基层共治。但是,由于农村的特殊性,试点工作主要集中在城市社区,农村试点只有 31 个,不到试点总量的 2.1%,绝大多数外来人口依然无缘参与。

2. 优化财政转移支付,提高流动人口教育、医疗、卫生计生等公共服务的供给水平和覆盖面。需进一步优化财政转移支付制度,破除财政"分灶吃饭"的制约和影响,加大对人口流入地区的财政支持。尽可能创造条件,为非户籍常住人口提供与户籍人口均等的基本公共服务,不断增强流动人口的获得感、安全感和幸福感,推动流动人口社会融合。

3. 支持群团组织和专业性社会组织参与流入地乡村治理,完善流动人口管理和服务工作。长期以来,一些地区的乡村社会治理主要以维护社会稳定为着力点,对行政手段的依赖比较多,乡村社会治理的综合成本也比较高。新时代加强和创新乡村社会治理,亟须转变治理理念,完善乡村治理格局,要充分调动、积极发挥妇联和共青团等群团组织的作用,支持专业性社会组织参与乡村社会治理,以此消解、分担基层政府的部分工作压力,打造共建共治共享的乡村社会治理格局。总之,无论是人口流出地还是流入地,都需加强对乡村社会治理工作的监督、检查和指导,不断提升拓展乡村基层干部的知识水平和视野。

（周灵灵执笔）

文化建设、生态建设
与乡村治理

传统文化在社会治理中的效力分析

——以福建莆田样本为例

现代社会治理是硬治理与软治理的有机统一,在社会软治理的过程中,有一个重要的环节无法被忽视与替代,那就是文化的作用,它同时存在于党政领导和群众的主观思维之中,时刻影响一个地区的整体社会行为。对于当代中国社会治理而言,传统文化始终发挥着一种特殊的功效。随着时代发展,虽然有很多传统思想和观念逐渐被淘汰,但一些真正被社会认可的优秀传统文化逐渐融入人们的生产生活中,进而发挥着重要的作用。对于一个地区来说,传统文化对社会治理的影响往往是潜在的,作为传统文化保存较好的福建沿海地区,莆田聚集了一些较为重要的实践案例。

一、莆田传统文化理念对当地 社会治理工作的综合影响

传统文化对于社会治理的关键影响在于,它赋予社会个体一种道德文化底线,而我国传统文化具有强烈的底线意识,会进一步激发群众与政府共同参与社会治理的热情。福建莆田依然保留着我国古代诸多依托文化开展社会治理的方法,它们目前的社会治理工作中发挥重要作用。在此基础之上,莆田地区形成了一种以地域文化为基础、道德伦理为依托的"文化善治"模式,这种"文化善治"模式不同于西方舶来的"善治"(Good Governane)理

念,而是一种基于古代中国社会实践基础之上的优秀传统文化思想,这些思想潜移默化在了群众和政府之间,且并不以传统西方社会治理中的二元对立模式存在,而更多地体现为一种基于文化共识之上的角色共生模式。这些影响有效助力了莆田地区在建设法治、德治、自治、共治——"四治一体"进程中的现实工作,并为莆田地区形成具有自身特色的综合文化治理体系提供了基础。

这些重要的传统地域文化影响包括:

(一)传统文化中家庭伦理文化理念的影响

相比于我国其他地区,莆田地区的居民体现出很强的公民道德约束力,这与其特有的家庭伦理文化系统有关。围绕承袭自古代的"家国情怀"和"耕读理想",莆田地区形成了特有的家庭伦理文化道德体系。其内涵在于两个层面:

一是莆田地区群众对孝悌传统文化理念的认识。莆田地区流行的伦理观念是一种以"家庭"为核心的圈层文化体系,从"家庭"的尊老爱幼推及到"邻里"的和睦,再由"邻里"的和睦推及到"国家"的安宁。《孟子·滕文公下》有言:"于此有焉:入则孝,出则悌",无论"孝""悌"都包含有重要的社会责任属性,在这一点上莆田地区受传统儒家文化的影响较为深入,并结合现代治理体系形成了一整套围绕家庭公约的独特文化伦理系统,这套伦理系统在社会治理环节中起到了重要的支撑作用。莆田地区传承的家规、家训等家族道德教化模式,引导群众在社会治理的环节中不断强化道德在家庭、家族中的引领,以良好的家风、族风促进带动了一方的民风,也为莆田地区打造社会治理体系之内的家族自治环节提供了必要的基础。

二是家族传统文化带来的社会利他文化属性。这种利他文化主要体现为一种社会群体间的互惠关系,在促进地区社会稳定上有很大的帮助。我国传统文化中的利他性,主要包含同情、尊重和宽恕等理念。孟子在《告子上》中将社会环境中的同情心称为"恻隐之心",除此之外还指出了"羞恶之心、恭敬之心、是非之心",四者分别对应传统文化中"仁、义、礼、智"的社会道德标准。目前这些标准已经成为莆田地区推广德治的重要文化土壤,使得政府力推的"德治"工程获取了广泛的群众基础。

(二)传统文化中自觉自律文化理念的影响

我国传统文化中倡导的自觉戒律,在目前基层的社会治理工作中体现为一种源于群众个体的道德文化自律。传统的自觉自律理念在莆田地区拥有较为深厚的文化根基,莆田市以此为基础结合社会主义法治观,提出了具有地域文化特征的治理模式,并以此作为"四治一体"的核心环节,为新时期社会治理理念的全面贯彻夯实了基础。在莆田地区整个社会治理体系结构中,除了法制制度和机制管理模式之外,还有重要的宗法文化理念在起作用。宗法本身体现为一种文化集约化的自律意识,在法律规范体系之上进一步提高了群众社会活动的底线思维门槛。

(三)传统文化中立德修身文化理念的影响

在莆田传统地域文化体系中,群众对立德修身的重视是非常具有地域特色的,其基础是围绕立德修身的传统文化,倡导一种健康的生活观。这种文化生活理念贯穿于莆田地区的家庭教育环节,进而在群众中形成了一种热爱生活、积极上进的社会风气。我国优秀传统文化中的修身理念,源头是传统文化中积极主动的生活观,其中包括正确的人与自然、人与人、人与社会关系的处理等。从中国传统文化遗产继承的宏观层面看,中国人个体的解放意识和自由思想的主体均来源于修身理念,而与之相应的带有美育色彩的生活观则在现阶段被当代人群广泛认同。莆田通过利用源自于传统文化的修身思想,在大力弘扬社会主义核心价值观与新时期公民道德的基础上,将群众的个体对自身道德修养的要求自觉上升到一定高度,从而进一步降低了社会综合治理的成本。

二、妈祖民间信仰文化体系与
莆田社会治理的相互作用

妈祖文化作为莆田地区最具代表性的地方文化,在社会治理领域体现出了独特的影响力。妈祖文化是一种民间信仰,具有很强的凝聚力、向心力和感召力。莆田地区的群众通过对妈祖精神的学习和理解,逐渐形成了一套带有道德规范性的社会行为习惯,对当地的社会治理工作起到了积极的促进作用。

妈祖是流传于中国沿海地区的民间信仰,其祖庭位于福建莆田的湄洲岛,妈祖文化肇于宋,成于元,兴于明,盛于清,繁荣于近现代。妈祖文化经过一千多年的传承发展,积淀了大量中华传统文化的精髓,寄托了人民群众对美好生活及理想人格的向往。妈祖文化以"立德、行善、大爱"作为目标追求,强调人与人、人与社会、人与自然之间的友好相处、协调发展,同新时期倡导的社会治理理念不谋而合。依托于祖庭的文化辐射,妈祖文化在莆田地区民间的影响力非常深远,尤其在对社会公民的道德约束层面,始终发挥着正面的积极作用。从某种意义上讲,妈祖信仰并不同于现代宗教,其并不关心彼岸世界和宗教意识形态,而是具有很强的社会文化生活属性。妈祖信仰的内核包含有中华文化中的诸多优良文化传统和积极向上的因素,既表达了人们对真善美的追求,也体现了人们对和谐社会关系的期待。

妈祖文化的伦理内核是"仁与爱",这不但是社会人际关系的准则,也是社会德行的规范。妈祖具有乐善好施、扶危济困、助人为乐的品质,在这些品质的影响下,莆田地区的民众也会自觉调整个人言行,达到社会认同的价值取向和道德规范。在民众心目中,妈祖是一种重要的文化道德理想,她孝顺父母、友爱兄姊、善待邻里邦亲,是中华优秀传统文化所倡导的忠义孝悌的楷模。在新时代对于维护和睦家庭、构建社会秩序、推动和平共处有积极示范效应。这些正面的文化影响,对社会治理工作来说是十分重要的,莆田地区也结合妈祖这一在群众间有很深影响力的文化信仰符号,开发了"妈祖故里家家亲"等现代文化治理工具。

三、祠堂、社庙文化与莆田地区的 乡村社会治理模式

中华传统文化源自于我国悠久的农业文明史,其文化根脉在乡村,并包含着丰富的治理智慧。它已经融进了我们的民族文化性格之中,成为中国人追求理想社会的精神土壤。相较于全国其他地区,莆田地区的乡村传统文化体系保留得较为完备,现已经成为莆田地区实现社会治理体系和治理能力现代化的重要途径之一。莆田乡村承载传统文化的空间为祠堂、社庙和戏台,其中包含"三一教"文化、祖先与英雄崇拜,以及重要的传统美育工具"莆仙戏"。这些传承千年的传统文化元素,依然在当今社会治理工作中起着道德教化、凝聚共识、规范行为、发掘乡贤、整合资源等诸多重要作用。

(一)英雄崇拜的文化特质

英雄崇拜是莆田乡村地区独特的文化特质。与我国南方地区普遍以家族祠堂为核心的祖先崇拜不同,莆田地区的祖先崇拜带有浓郁的英雄主义氛围,具备很强的爱国主义情怀和社会公共道德属性。习近平总书记曾指出:"中华民族是崇尚英雄、成就英雄、英雄辈出的民族,和平年代同样需要英雄情怀。"而莆田的英雄崇拜文化习俗,就是中国民间传统信仰中崇尚英雄文化的重要体现。截止到 2018 年统计结果显示,莆田市近五年来见义勇为事件累计次数为 1361 次,远高于福建中部地区平均水平。对于社会治理

工作来说,莆田的英雄崇拜信仰包含了很强的社会责任意识,有效支持了新时期的乡村治理及社会稳定工作。

(二)非物质文化遗产莆仙戏的教化意义

莆仙戏是莆田地区重要的传统文化遗产,也是国务院第一批列入名录的全国非物质文化遗产。它是我国最古老的剧种之一,起源于唐代,被称为我国南戏的"活化石"。对于社会治理工作而言,莆仙戏起到了非常重要的促进作用。据统计,莆仙戏现存传统剧目5000多个,其中以爱国题材、追求社会公正题材等正能量题材的剧目占绝大多数。由于莆仙戏的演出包含了大量民间信仰元素,很多情况下都带有祭祀色彩。因此莆仙戏先天就屏蔽了一些不良文化内容,在莆田地区自古一直扮演着对群众的道德教化功能。

进入新时期以来,莆仙戏逐渐成为莆田地区开展社会治理工作过程中的重要文化抓手。莆仙戏本身也是祠堂、社庙文化的重要组成部分,是莆田地区群众日常生活过程中的必要文化仪式之一,多见于婚丧嫁娶、逢年过节等重要仪式场合,其演出具有很强的基层性,潜移默化地向群众传达了很多新时期社会治理的工作理念。莆田地区的文化管理部门也有意地创作了很多新的经典剧目,从而利用传统文化对群众开展法治教育、道德感化等工作。

四、关于利用地方特色传统文化
完善社会治理工作的建议

对于一个地区的社会治理工作来说,文化始终扮演着重要的角色。习近平总书记高度重视文化在社会治理中的作用,多次强调文化道德对社会治理的功效,认为对一个地区而言,有什么样的文化价值观就会建设出什么样的社会。在这一领域,我国始终推行社会核心价值观并加以大力倡导,而中华优秀传统地域文化则成为区域基层治理工作中的重要抓手,二者相辅相成,在社会治理工作中共同发挥作用。莆田地区是传统文化影响较为深入的地区,其社会治理工作过程中传统文化所占比重较大,案例特征较为明显。以这一地区为基础,总结利用地方特色传统文化完善社会治理工作的建议如下:

一是进一步探索寻找传统文化同社会主义核心价值观的契合点,进而融入社会治理实践工作中去。社会主义核心价值观与优秀传统文化在精神层面是深度契合的,可以直接作为社会治理中文化治理部分的重要内容。习近平总书记曾强调指出:"认真汲取中华优秀传统文化的思想精华和道德精髓","使中华优秀传统文化成为涵养社会主义核心价值观的重要源泉"①。因此,探索寻找传统文化同社会主义核心价值观的契合点,将会成为未来利用传统文化提升社会治理工作的关键突破口,值得各级政府深入发掘并加以利用。

二是利用传统文化完善群众的道德底线意识。文化的作用体现为一种能动性,直接作用于人的心理。我国传统文化具有很高的道德属性,并通过长期的历史积淀融进了群众的社会生活、工作和学习过程中,久而久之形成了重要的社会底线意识。因此,传统文化中的很多道德理念,一旦获得群众的认同,就会在群众中形成一种群体意识,并同法律法规形成相辅相成的互相促进作用。这种道德底线意识,对于社会治理工作来说具有很高的实践价值,且兼具管理成本低、运行效果好的特点,值得在未来的社会综合治理工作中投入精力进行重点建设。

三是进一步完善针对传统文化内容的扬弃。中华传统文化是中华民族历史遗留下的重要遗产,针对这一庞杂的文化遗产,我们还需要有甄别的继承和发扬,取其精华而去其糟粕。从目前传统文化在民间的传承情况来看,

---

① 《习近平谈治国理政》,外文出版社 2014 年版,第 164 页。

其有时对于社会治理工作还是有负面影响的,需要进一步加强管理,留下好的改正坏的。拿莆田地区来说,其传统文化不但留下了爱国、立德、仁爱等理念,也留下天价彩礼、天价祭祀、宗族主义等不良风气,需要在后续的工作中进一步加强管理,为优秀传统文化的传承发展和社会风气的净化创造良好条件。

四是充分引导优秀传统文化融入公共社会文化生活。应该看到,传统文化不仅具有满足人民群众精神需求的功能,而且能够在凝聚社会共识、规范人的行为、动员社会参与、引导民间互助等方面发挥实际作用。在未来的社会治理工作过程中,要深入思考传统文化发挥作用的路径。使得地方政府能够有效地引导优秀传统文化融入公共社会文化生活,让文化真正作为一种非制度化的治理手段,促使其发挥更大的功效。

五是完善优秀传统文化同社会治理部门的协调联动机制。这也就是要求未来的政府管理部门同文化宣传部门通力合作,调动文化部门体系的资源来共同开展社会治理工作。让优秀传统文化活动成为完善社会治理工作的重要环节,同时也让完善社会治理工作成为优秀传统文化活动的主要目的。在机制上形成上下联动、部门联动的整合协调模式,引导管理部门认识到法治、文治都是社会治理的有效手段。

(李兰、张骐严执笔)

新时期中国乡村文化建设的调研报告

农业在中国经济总量的占比越来越低，2018 年 GDP 占比只有 7.2%，乡村人口持续大规模向城市流动，乡村空心化日趋严重，原来稳定的乡村社会结构迅速瓦解，乡村居民关系因繁忙的工作和生活逐渐疏离。如何在新形势下推动乡村文化建设，丰富乡村精神生活，形成新的乡村精神文明体系，凝聚新的价值共识，改善乡村文化、物质生活，已经成为实现乡村社会善治的重要环节。

一、当前中国乡村文化建设的基本情况

十八大以来，中国乡村文化建设的三个主要方面——乡风文明建设、乡村公共文化服务体系建设和乡村文化产业建设，正在推动乡村文化从精神、社会和物质三个生活层面全方位升级发展，取得了较大成就。

（一）乡风文明建设逐步加强，乡贤治理效果初显

乡风文明建设是乡村文化建设的重要组成部分和关键举措，是乡村社会治理的思想保障和伦理基石。十八大以来，全国各地以乡风文明创建活动为抓手，深入挖掘优秀传统农耕文化，培育乡土文化人才，弘扬主旋律和社会正气，经多年努力，乡村文明建设的重点领域进展良好，主要表现在：

一是突出价值引领。根据中央文明办提出的"十三五"期间全国 50%

以上的村镇达到县级及县级以上文明村镇标准,中国大部分农村开展了形式多样的乡风文明创建评议活动。以四川为例,截止到2018年年底,全省约60%的村建成了省级"四好村"。

二是突出文化熏陶。依托村级综合性文化服务中心、文化祠堂、村史馆等组建各种文艺队和文艺协会,组织具有文艺特长的村民开展弘扬正能量和新风尚的文化活动,促进形成村里的文化氛围,抵制吸毒赌博等不良风气。

三是突出道德风貌塑造。以营造文明和谐农村新风尚为目标,引导培育一批"乡风文明示范村",通过乡风文明活动,比如北京市北大化村的"家风重塑"活动等,引导村风民风、生活居住环境、文化道德建设等方面全面协调发展。

四是突出新乡贤的带头作用。新时期的乡贤是指有德有才乐于服务地方发展的一切优秀人士。新乡贤群体赓续乡绅自治传统,又突破古代强调出自本地的地缘性局限,突出共建共享共治精神,在培育乡村新风尚、调节邻里纠纷和引领乡村经济发展等方面发挥积极作用,成为新时期乡村治理的重要主体,为乡风文明建设和乡村繁荣作出了积极贡献。例如,广东省丰顺县80%以上的社会投资来自新乡贤,重庆市永川区的乡贤评理堂化解了大量乡邻矛盾。

(二)乡村公共文化服务体系不断完善

建设先进的乡村文化服务体系,是统筹城乡经济发展,建立和谐社会的必然要求,对繁荣和发展社会主义先进文化具有重要意义。十八大以来,中国以中央顶层政策设计为引领,着力构建完善乡村公共文化服务体系,初步形成了功能完备、基层全覆盖的公共文化基础设施体系,文化惠民体系也日渐完善。以此为基础,经济发达地区正在探索以群众文化需求为导向的更丰富、更快捷、更人性化的乡村公共服务体系建设。

一是加强顶层设计。十八大以来,中共中央陆续出台了《关于加快构建现代公共文化服务体系的意见》《"十三五"推进基本公共服务均等化规划》《国家基本公共文化服务指导标准(2015—2020年)》《乡村振兴战略规划(2018—2022年)》等政策文件,初步建立国家基本公共文化服务标准体系,明确了城乡公共文化服务均等化的内容、种类的"底线标准"以及各级政府的保障责任。2015年、2017年我国先后出台《文化产业促进法》《公共文化服务保障法》,第一次以立法形式对文化产业和公共文化服务保障事业进行全方位规划,将民众基本文化权益和基本文化需求的行政性维护方式转变为依法维护保障方式,城乡公共文化服务实现了从随机建设到标准化、均等化、专业化发展的跨越。

二是加强农村文化基础设施建设。农村文化基础设施建设既是乡村文化建设的重要构成,也是乡村文化建设的物质保障。中国已基本建成农村文化基础设施体系,2017年年底全国已建成340560个基层综合性文化服务中心,建设了乡文化村史馆、非遗传习场所、宗祠文化场所、农民文化公园等大批优质文化设施,为农村居民提供更优质的公共文化空间。

三是提高乡村公共文化服务水平。乡村文化产品和服务供给日益丰富,乡村居民的精神文化需求得到更好的满足。中国2017年财政投入县级及以下单位的文化事业费达457.45亿元,占全国文化事业费的53.5%;乡村基层综合文化站年均增加3万个以上;艺术表演团队赴农村演出184.44万场次,占全国总场次的62.8%,观看人次达8.3亿。

(三)乡村文化产业有了较大发展

乡村文化产业是指县、乡(镇)、村等行政区域内的文化产业。十八大以来乡村文化迅速发展,已成为带动乡村文化、经济全面持续发展的新兴引擎和重要途径,主要体现在以下方面:

一是业态更加丰富,推动传统文化更好地活化传承。中国乡村文化产业门类目前主要集中在工艺美术品制造业、农村文化旅游服务和文艺创作与表演服务等三个大类,产业链覆盖了乡村的生产生活、历史地理、自然风光、文学艺术等方方面面,乡村文化元素通过产业化手段与其他行业深度融合,衍生出丰富的业态。例如,印染、刺绣、石器、木器、剪纸、泥塑、砖雕等乡村传统技艺与创意设计业相融合,形成了乡村工艺美术品制造业态;农村自然风光、农业生产和生活方式等与现代服务业融合,形成了农业观光游、乡村生态游、乡村节庆游等乡村文化旅游业态;乡村音乐、舞蹈、杂技、竞技等乡村演艺娱乐文化经过商业化运作,产生了乡村文艺表演服务类业态。乡村物质和非物质文化遗产嵌入文化产品和服务,更深入、更广泛地融入当代生活,使乡村传统文化与现代文化消费紧密结合起来,有效实现了活化传承。

二是产业规模迅速扩大,带动就业收入增长,为乡村扶贫作出巨大贡献。中国乡村文化建设和经济建设通过文化产业紧密结合,促进了农民就业和收入增长。其中,乡村文化旅游业在政策大力推动下取得了突出成就。2015 年、2016 年中央先后出台《中共中央国务院关于打赢脱贫攻坚战的决定》《乡村旅游扶贫工程行动方案》推动乡村旅游与扶贫工作紧密结合。2017 年,乡村旅游实现脱贫人数占全国脱贫总人数的 17.5%。乡村文化旅游业已成为引领乡村经济发展的产业高地。2012—2017 年,全国开展乡村旅游的村庄从 5.3 万个增加到 10 万多个,农家乐从 150 万家增加到 220 万家。2012—2018 年,全国乡村旅游接待游客人次从 7.2 亿次增加到超过 30 亿,营业收入从 2400 亿增加到超 8000 亿。

乡村传统技艺是乡村文化产业的另一主要增长点。2018 年中央相关部委出台《关于大力振兴贫困地区传统工艺助力精准扶贫的通知》《关于支持设立非遗扶贫就业工坊的通知》,以非遗培训和非遗扶贫就业工坊为抓手,将乡村传统技工艺类非遗传承与农村精准扶贫结合起来,广泛分布的农村技艺产业化给农村经济带来巨大活力。2018 年,仅山东省就有 119 万家

图1 2012—2018年中国休闲农业与乡村旅游接待人次统计

数据来源:社科院、农业部、中商产业研究院整理。

乡村传统工艺类实体,年营业收入1572亿元,带动350余万人就业。

三是乡村版权服务水平提高,加强了村民版权意识,提升了产业发展质量。版权是文化产业最重要、最有竞争力的基础性资源,版权意识是契约精神在文化经济领域的鲜明体现。随着乡村文化产业发展,很多省份已推动版权服务、保护和监管进乡村,加强了乡村版权普法教育,帮助农村居民在生产经营、休闲娱乐中强化版权意识,重视知识产权。版权服务水平提高带动了传统工艺与现代创意融合水平较高的乡村地区的专利申请。例如,山东省昌乐县的版权工作站帮助当地文化企业申请了大量专利,其中一家企业就有授权专利271项、发明专利16项、实用新型专利51项、外观专利204项。

二、乡村文化建设面临的主要问题及原因分析

(一)农民的主体地位弱化、组织缺位问题普遍存在

农民在乡村的主体地位弱化。近四十年来农村空心化现象日益严重,

农村精英大量流失,留在乡村农民整体文化素质不高,主体意识不强,乡村文化建设只能主要依靠政府主导自上而下地推进,以至于农民在乡村文化建设中的主体地位弱化,文化需求得不到表达和满足。

组织缺位问题较为普遍。一是编制不足。很少有村庄配备专职干部负责乡村文化建设,乡村文化建设只能由村干部兼职负责。二是经费不足。尽管中央和地方不断加大对乡村文化建设的财政投入,但整体投入不足仍然是制约乡村文化建设的桎梏。调研显示乡贤传统保持得越好、经济发展水平和居民教育程度越高、经费越充足的乡村,文化自组织越发达,干部群众参与公共文化建设的积极性越高。以广东省为例,经济条件更好、教育程度更高的珠三角地区的乡村公共文化建设主体多元化程度,普遍高过经济欠发达的粤西北地区的乡村。南海区嘉怡村民社区乡贤和居民每年捐赠3000多万元用于公共文化建设,这个5万多人的村民社区有几百个文化自组织,村民每天都能参与丰富多样的公共文化活动。但在经济滞后地区,大多数村庄的乡风文明建设、公共文化建设仅通过传达文件、招贴宣传标语等方式落实。

(二)乡村公共文化服务配置错位

我国农村公共文化服务体系已经基本建成,为居民开展文化活动提供了较好的基础条件。但调研发现,乡村公共文化设施的使用效率较低。90%的乡村居民没有去过农家书屋,80%的农村居民既不使用公共文化设施,也不参加公共文化活动。主要原因有三:

一是文化供给内容与乡村居民的文化需求配置错位。国家对各地乡村公共文化服务供给的设施、产品、活动及其他服务的基本种类、数量和规模有严格的量化标准和考核要求。定单式的产品供给模式具有可量化、可考核便利,但难以满足群众个性需求。例如,农家书屋提供的图书种类限定在政府文件指定的重点出版物目录范围内,乡村居民的阅读需求差异往往得不到满足。

二是供给方式、渠道与乡村居民不断变化的文化消费习惯配置错位。乡村居民文化消费习惯地区差异较大,文化供给方式渠道应该根据各地消费习惯因地制宜、与时俱进,但实际执行中往往不能迅速适应消费习惯的变化。例如,2018 年中国农村网民达到 2.22 亿人,越来越多农村居民已习惯通过手机、计算机或数字电视在网络进行文化消费,乡村公共文化供给却没有大量转移到线上渠道,仍主要依赖线下书屋和频次有限的送戏下乡等现场表演供给。

三是重数量考核,轻效能评估。如前所述,当前对乡村公共文化建设的考核是由上级主管部门进行封闭考核,考核标准主要是基础设施的建筑面积、藏书量、活动组织次数以及书面规章制度等,缺乏群众满意度、经费和文化设施的使用效率以及管理服务水平的评估,乡村公共文化服务的效能在考核中得不到直接体现。

(三)乡村文化产业发展质量较低

一是市场主体散小弱现象严重,龙头企业较少。中国乡村文化产业的市场主体虽然数量庞大,但以小微企业和个体户为主,企业规模小、竞争力不强。例如,2016 年全国有 290 万家乡村旅游经营单位,其中有 200 万是农家乐;2017 年,贵州传统手工业有 100 万余就业人口,产业年总产值 60多亿元,人均年产值仅 6000 元左右。

二是产业融合度偏低,产业链较短,市场空间较窄。很多乡村特色工艺品成名已久,但产品竞争力并不强。主要因为技术、产品种类和外观等创新少,传统文化元素与新兴产业融合不充分,产品不能广泛契合当代生活和文化需求,只能存活在很小的市场空间中。比如蜡染技术广泛分布于中国南部地区,但极少有市场主体有意识、有能力将传统蜡染与当代创意设计、文化展销和推广融合起来,蜡染元素不能嵌入当代文化生活,只能存活在千篇一律的、低附加值的旅游文化纪念品市场中。

三是资金偏紧,资本投资效益不高。乡村文化产业初期投入大、风险高,资本对该产业的避险情绪大,大部分乡村文化产业门类来自市场的投资不足。例如非遗工艺制造业,目前还主要靠政策驱动投资。乡村旅游业市场人气高,获得投资多,但行业投资效益并不好。2014—2018年乡村文化旅游人次从12亿增长到30亿。2017年大量市场投资紧跟消费潮流进入乡村旅游业,乡村旅游投资已达5500亿,占全国旅游业直接投资的1/3,当年乡村旅游收入却只占全国旅游业收入的16.19%。2018年每人次旅游消费只有266.67元,与2014年持平。这些数据说明中国乡村旅游虽然总量在增长,但收入总量增速已经明显放缓,投资效益没有提高。如何增加乡村旅游服务附加值和提高资金使用效率,已经成为乡村文化旅游业亟须解决的当务之急。

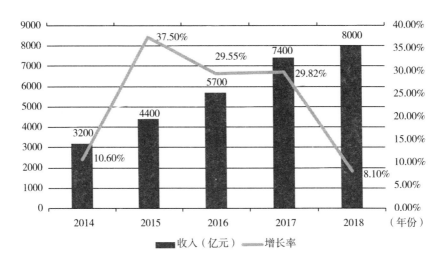

图1 2014—2018年中国休闲农业与乡村旅游收入统计

数据来源:国家统计局、国家文化和旅游部。

(四)乡村文化建设人才紧缺

21世纪以来大量农村人口尤其是高素质人口进城工作,留守的乡村干部和居民教育程度不高,能够有效组织和参与乡村文化建设的人才紧缺。目前,除了北京、上海、广东、江苏、浙江等经济较发达的省市,大多数省市区都没有足够的资金和师资支持大面积培训乡村干部和居民,难以迅速培养足够的乡村文化建设人次。

三、政策建议

(一)以满足乡村群众的文化需求为目的,提高相关政策制定的科学性

一是要定期在全国范围内开展乡村文化建设调查统计。加强相关数据的统计、分析和研究,摸清乡村文化建设基本情况,为中央制定相关政策提供依据。二是要完善公共文化政策制定程序,形成政策制定、执行、评估的全流程。将调研乡村公共文化需求纳入地方制定文化建设政策的标准程序,严格做到"不调研,无政策",提高地方政策对实际情况的因应水平;实行公共文化服务效能评估的社会化,解决评估主体单一化问题;待时机成熟,推进农村公共文化服务绩效评估的法制化建设。三是要改革乡村公共文化供给方式。将由上而下的"配方式"供给,改为由下而上的"点单式"供给,有效推动乡村公共文化供给与群众文化需求对接。四是要完善农村公共文化服务体系的评估制度。在评估范围中增加以文化设施使用率、受众数量、受众满意度等条目,及时根据评估结果因时制宜、因地制宜地调整供给类型、内容、方式和渠道。

(二)推动形成政府主导下的乡村文化建设主体多元化

一是要切实做到建设组织到位、服务管理主体到位。完善乡村文化干部管理和公共文化组织机制,设置专人负责管理乡村文化建设,提高服务能

力。二是要加强乡村文化自组织培育。培育和引进一批公益性、服务性的乡村文化自组织,如文化活动团队、志愿者服务组织等,通过政府购买文化服务等方式激励文化自组织参与乡村文化建设。三是要推进乡村乡贤培养。借鉴和利用优秀的乡村传统文化机制,鼓励基层民众协商制定和遵守村规民约,延请、选拔、培养一批热心公益的新乡贤参与乡村文化建设,放手发挥基层优秀人物的引领作用。

(三)营造良好环境,提高乡村文化产业的发展质量

一是要营造良好的营商环境。严格保护乡村文化投资和经营主体的合法权益,发挥市场在文化产业资源配置中的决定性作用,减少行政对产业发展的干预,用市场优胜劣汰机制推动市场主体提高产品质量,提升产业效益。二是要加强乡村文化产业市场主体培育。农村文化市场主体多而不强,产业技术水平、产品质量和服务能力不高,影响了客户消费体验和产业发展质量。所以要加强乡村文化产业市场主体培育,通过投资、税收、土地、人才等优惠政策激励战略投资者和龙头文化企业投资乡村文化产业,运用先进的管理、运营、推广经验,加强技术和产品创新,引领产业升级发展。

(四)加强乡村文化建设人才队伍建设

一是要开展乡村文化干部培训项目。推动地方政府与各地高校开展联合培训,提高专职管理乡村文化建设的乡村干部的知识水平、管理能力和职业素养,造就一支胜任基层文化建设管理和服务的乡村文化干部队伍。二是制订和实施基层文艺骨干培育计划。因地制宜地制订乡村文化骨干轮训、交流计划,建设一支乡村基层文化骨干队伍,稳步提升乡村文化队伍的文化供给能力。三是要进行乡村文化产业人才培养。充分利用当代传媒和通信技术,创新培训渠道和形式,在电视、广播、微信、APP 等渠道设置空中

学堂,增加产业人才交流,扩大培训内容和对象,为乡村文化产业培育投资、管理、运营、推广、生产等各类人才。

(田琳琳、李坤执笔)

"美丽乡村"视域下农村
社会治理的问题与对策

作为"美丽中国"的重要组成部分,"美丽乡村"旨在以生态理念指导社会主义新农村建设,促进农业生产发展、人居环境改善、生态文化传承、文明新风培育,涵盖村庄规划和建设、生态环境、经济发展、公共服务、乡风文明、基层组织、长效管理等诸多方面。目前,全国各地积极推动"美丽乡村"建设,为农村社会治理奠定了良好的民生基础。但"美丽乡村"建设,仍然面临着来自农村社会治理体制、能力和手段的挑战,需要立足长远,从战略的高度审视"美丽乡村"建设中农村社会治理问题,不断强化农村社会治理,推动"美丽乡村"持续健康发展。

一、"美丽乡村"建设:巩固农村
社会治理民生基础

"好的发展"需要"好的治理",实现好的"好的治理"更需要"好的发展"。就"美丽乡村"建设与农村社会治理的关系而言,农村社会治理的目的在于通过完善农村社会治理体系,共建共享乡村发展成果,增强农民的幸福感、获得感和安全感。同时,提升农村社会治理水平,更需要良好的民生保障。从实地调研的情况来看,"美丽乡村"建设任务提出后,各地政府都积极采取措施,着力满足人民群众对美好生活和美好生态环境的需要,通过营造宜居环境、促进就业增收、鼓励自主参与,提升了乡村社会吸引力、创造力和凝聚力,为农村社会治理奠定了良好的民生基础。

(一)营造宜居环境,提升乡村社会吸引力

改善人居环境是"美丽乡村"建设的主要内容,也是提升乡村社会吸引力的重要途径。针对我国广大乡村地区人居环境存在的"脏乱差"等诸多问题,全国各地在"美丽乡村"建设实践中,都把加大农村环境整治力度放在"美丽乡村"建设的突出位置,以基础设施和公共服务为重点,开展美丽乡村特色精品村和示范乡镇创建,打造绿色宜居的乡村环境。一方面,不断完善农村基础设施。通过为农村群众出行提供更加方便、快捷的交通条件,整治公共空间和庭院环境,建立健全农村生活垃圾收运体系,推进农村"厕所革命",极大地改善了村容村貌。另一方面,着力完善农村公共服务体系,在就业社保、卫生计生、教育文体、综合管理、民政事务等方面加大投入,不断提高农村公共服务水平。通过软硬环境的改善,"美丽乡村"建设不仅实现了农村面貌的"美化",更增强了农村地区对人才、资本、技术等要素的吸引力,为优化农村社会治理提供了环境保障和有力的要素支持。

(二)促进就业增收,提升乡村社会创造力

农村社会治理的主要目标在于改善农民生活,增进农民福祉,同时农村社会治理过程和行动也需要良好的经济发展能力支撑。实践中,很多地方依托"美丽乡村"发展多种业态的"美丽经济",在不断提高农业废弃物资源化利用和无害化处理水平的同时,构建了与资源环境承载力相匹配的农业发展新格局,促进了第一、二、三产业融合发展,增强了农民就业增收能力,增加了农村的财富积累,为农村社会治理提供了良好的经济基础。同时,伴随着农村产业转型升级,随之产生的龙头企业、能人经济,更大的调动了乡村社会的创造力,不断推动着农村地区新理念、新产品、新技术、新业态、新

商业模式涌现、辐射和扩散,不仅增进了乡村社会发展活力,也为乡村社会治理注入了新的动能。

（三）鼓励自主参与,提升乡村社会凝聚力

传统乡村社会具有其自身的内在凝聚力。"美丽乡村"建设也在不断增强乡村社会的凝聚力并丰富着乡村社会的时代内涵。一些地方在建设"美丽乡村"的过程中,通过编制绿色公约,组织了多种多样的培训、评比、奖励活动,构建了"议事厅""对话坊"等交流平台,使得农村居民通过学习与参与,转变了思想观念,凝聚了弘扬生态文明,促进绿色发展的共识。同时,随着"美丽乡村"建设工作的推进,伴随着各项生态建设、环境保护成果的分享,不仅农村居民自身开展生态文明理论学习、参与绿色环保活动的自觉性和主动性持续提高,农村居民共建"美丽乡村"的责任感、使命感也在不断增强,有效地提升了乡村社会的整体凝聚力。

二、"美丽乡村"建设中的社会治理问题

"美丽乡村"建设巩固了农村社会治理民生基础,推动了农村建设与治理的良性互动。但是,从实践情况来看,推动"美丽乡村"建设,仍然面临着来自农村社会治理机制、能力和手段等三方面的主要挑战。如何有效协调行政治理与村民自治的关系、更好地保障村民主体地位、应对互联网技术变革,仍然是未来加强社会治理、建设"美丽乡村"的重要命题。

（一）行政治理与村民自治的关系仍需有效协调

"美丽乡村"建设客观要求国家、城市对乡村进行反哺,是破解"二元结构",推动农村发展,实现城乡统筹的重要战略举措。但是我们也应该看到,实践过程涉及国家大量政策与资金"输入"乡村,在提升农村发展能力

的同时,也往往容易导致国家行政权力向乡村社会进一步下沉,使得农村人、财、事的管理可能出现行政化倾向。现实中,村庄治理行政化能够促进村庄治理规范化,保障政府政策在乡村社会顺利落地执行。但由于行政治理和村民自治的权利来源和利益诉求不同,即行政治理的权力主体来源于上级政府,代表政府的利益,而村民自治组织来源于村庄内部,代表村民的利益,就容易导致两套治理机制暗含一些相互矛盾的治理诉求,并且在各自运作的领域自发排斥另一套机制。

针对以上矛盾可能产生的负效应,理论界提出了两种主要的解决路径。一种是村庄治理的完全行政化,即主张将行政权力进一步下沉,将村民自治组织完全纳入国家政权体系。另一种是完全自治,即主张剥离村级组织的行政职能,实行完全的村民自治。而在熟人社会、自治资源相对匮乏、传统经济社会结构转型的当代农村,以上两种极端的治理方式都不符合当前乡村治理实际,无论是仅仅依靠村庄自身的力量还是仅仅依靠国家力量显然都不能实现农村社会的有效治理。如何有效协调行政治理与村民自治的关系,统筹协调行政力量和自治力量,共同完善良性互动的"美丽乡村"治理机制,需要给予充分的关注。

(二)农村居民主体地位有待加强

社会治理效率的提高、治理效果的改善,通常需要公众的积极参与,发挥民众的智慧和力量。同样,"美丽乡村"不仅仅是"物"的建设,更是人的发展需要,是每个身居其间的农村居民发自内心所追求并实实在在经历而达到的一种生活方式与生活状态。从国家关于"美丽乡村"建设的相关政策文件中可以看到,"美丽乡村"建设的出发点和着眼点也都是村民这一主体。村民主体地位的体现不仅关系"美丽乡村"建设的成效,更关系到"美丽乡村"建设的可持续性。但是,在"美丽乡村"建设过程中如何保障村民的主体地位,却是"美丽乡村"建设过程中的难点所在。一方面,干部政绩考核评价制度容易导致村民需求被忽视。"美丽乡村"建设作为新时期农村工作的一项系统性、全局性重大战略工程,事关全面建成小康社会和"三农问题"的解决,从中央到地方投入了大量人力、物力、财力。在这样的背景下,"美丽乡村"建设情况无疑会成为考核基层政府工作的重要指标。在绩效考核导向下,一些地方政府为实现"美丽乡村"的快速推进,往往无视村民的利益诉求和实际需要,出现"代民选择""替民决策"等现象。另一方面,村民缺乏参与途径和参与能力也影响着"美丽乡村"建设效果。尽管很多地方在"美丽乡村"建设过程中都建立了相应的村民参与平台,但一些地方的村民仍然缺乏便捷、通畅的参与途径,容易出现"上热下冷""政府在干,农民在看"的尴尬局面。同时,"美丽乡村"建设持续推进,对农村治理也提出了越来越多的任务和越来越高的要求,很多基层干部都面临着转型、适应、提升的压力,普通群众更面临着"不会干""干不了"的现实困境。

(三)互联网技术变革对农村社会治理带来新的影响

互联网在农村地区的快速发展对农村居民的环境意识与环境行为已经产生了重要影响。同时,相对私人环保行为而言,互联网发展对农村居民公共环保行为的影响更大,原因可能主要在于两个方面。一是由于互联网尤其是移动互联网在农村的普及率近年来大幅提高,与传统的农村三大信息渠道广播、电视和社交相比,互联网传播信息更为便利,农村居民接受环境相关信息的频次大大增加,近年来的城市工业污染农村化以及各地曝光的环境污染事件使农村居民也越来越关注环境问题,实施公共环保行为的积极性有所提高。二是农村互联网发展水平的迅速提高,尤其是移动互联网的加速普及使得农村居民获得参与环境公共事务的新渠道。传统的环境规制公共政策制定过程中,尽管一些地区具有相关的公众参与机制,但农村居民缺乏参与渠道,农村居民环保行为更多体现在私人领域,互联网的迅速发展使其主动参与公共环保活动的机会显著增多。长远来看,互联网技术将更加深刻影响农村居民的环保行为,也将在重构乡村、社区、基层社会的基础结构和治理体系中扮演更加重要的角色。但与城市相比,农村地区信息基础设施水平,农民信息素养仍然存在差距,智慧治理能力和水平仍有待提升。在"美丽乡村"建设过程中,特别需要充分认识互联网技术的功能与作用,顺势而为,加快互联网技术在农村社会治理中的应用,提升乡村智慧治理水平。

三、推动"美丽乡村"建设、加强农村社会治理的对策建议

农村社会治理是"美丽乡村"建设的重要内容。没有农村的有效治理,就没有乡村的全面振兴,更无法实现国家治理体系和治理能力现代化的战略目标。未来,需要进一步协调国家力量和村民自治,完善"美丽乡村"的社会治理机制;调动村民积极性,增强"美丽乡村"建设的内生动力;加强农村信息化建设,提升"美丽乡村"智慧治理水平。

(一)协调行政管理和村民自治,完善"美丽乡村"治理机制

在"美丽乡村"建设中,政府是重要的推动者,也是相关政策和资金的重要提供者,在村庄建设中居于主导地位。村民是"美丽乡村"的最终受益者,不仅可以获得优美的生产生活环境还可以获得环境美化带来的增值效益,在村庄建设中位于主体地位。行政主导作用和村民主体作用的有效发挥是美丽乡村健康发展的有效保障;反之,两者权力的失衡或错位则阻碍"美丽乡村"建设步伐。面向未来,需要建立健全农村社会治理机制,协调行政管理与乡村内生力量共同促进"美丽乡村"建设。

一方面,加强制度建设,明确"美丽乡村"建设行政管理和村民自治的权力边界。重点进一步修订相关法律法规,完善并细化相关政策规定,将治

理力量的职能界定在法律法规认可的范围内,做到权力主体行为有法可依、有法必依。依法明确乡村治理中行政管理部门的地位,在制度设计上有所为,在具体事务管理上有所不为。推动行政管理部门在战略引领、规划指导、政策支持、标准制定、市场监管、公共服务等方面发挥作用,弥补乡村自治能力的不足。充分体现村民自治组织的民主性,实现村庄公共事务的自我管理、自我决策。在不侵害国家权益和个人权益的前提下,"美丽乡村"以何种方式建设应该充分尊重村民意愿,交给村民自己来选择。对于基层反映强烈又没有法律依据的事务,如拆迁拆违、环境整治,可列出村庄负面清单,采用政府部门和村委会讨论的方式解决,对超出村庄职责范围的事务,由政府部门协调解决,实现秩序与活力的有机统一。

另一方面,发挥新型社会组织的纽带连接作用,实现政府、社会、村民共治格局。重点围绕"美丽乡村"建设需要,加大对生态环保、绿色发展类新型社会组织(志愿服务组织、群众互助组织、公益服务组织、村民社群组织等)的培育。通过政策扶持、资金扶持等手段降低其在登记注册方面的门槛和成本;通过培训等手段培育新型社会组织的领导团队,建立健全社会组织制度体系;通过改革管理制度,扩大新型社会组织参与"美丽乡村"建设的范围和资源配置权限,从而激活新型社会组织的活力,发挥新型社会组织的群众动员优势,尤其在乡村环保基础设施、公共服务、宣传教育等方面的作用,使社会组织真正成为政府和村民有效对接的纽带,实现政府治理、社会调节、村民自治的良性互动。此外,在授予新型社会组织开展活动所需的资源、权利、空间的同时,也要处理好赋权后的监管问题,保障其正确的前进方向。

(二)充分调动村民积极性,增强"美丽乡村"建设的内生动力

我国实行村民自治的基层民主制度,"美丽乡村"建设和治理的第一主体是村民。因此,推动"美丽乡村建设",特别需要调动村民的积极性,使村民成为"美丽乡村"的设计者、执行者、监督者,在"美丽乡村"建设过程中感

受到自豪感、获得感和幸福感。一是完善村民参与机制。通过搭建"美丽乡村"建设"村民议事会"等基层治理载体和平台,为村民利益表达、沟通协调、化解矛盾等提供有效途径。在建机制的基础上,充分听取村民意见,让村民决定"美丽乡村"建设资源的配置和使用,将"美丽乡村"建设可能产生的外生矛盾内生化。二是提高"美丽乡村"建设中的村民自治素养。既要从过去的治理经验中汲取养分,又要与时俱进,积极借鉴成功的自治经验,同时将"美丽乡村"理念融入社会公德、家庭美德、个人品德教育,形成崇尚美丽、爱护美丽、建设美丽的社会风尚。三是推动村民自治重心下移。重点推动"美丽乡村"建设村民自治重心从行政村向自然村或村民小组下移,使得村民自治由"半熟人社会"治理向"熟人社会"治理转变,放大村规民约、族规家法等公共规范的作用,约束村民的不合作行为,提高村民参与"美丽乡村"治理的积极性。四是充分发挥村民会议和村务监督委员会的作用。村民会议委员会成员可以以村民小组为单位推选,也可以按"一户一票"的方式选举产生。对于组建村民会议委员会确有困难的村庄,也可采用临时村民议事会的形式,推选村中精英参与决策比较紧急和相对重要的公共事务,村委会负责执行。由于村务监督委员会的工作要求更高,通常需要一定的专业知识,因此核心成员可由退休的老支书、老会计、曾在政府部门任职的老干部、退休教师、外出乡贤以及德高望重的村民担任。

(三)充分利用互联网技术,提升"美丽乡村"智慧治理能力

将互联网思维融入"美丽乡村"建设,通过互联网工具提升"美丽乡村"智慧治理能力。一是加强农村社会治理智慧系统的建设。围绕"美丽乡村"建设需要,把智慧乡村建设融入"美丽乡村"建设之中,做到同步规划、同步实施、同步验收,充分利用互联网、大数据技术,加强农村社会治理智慧系统的建设,建立政府、社会组织、个人信息共享、互动交流、网上办事的统一平台,提高社会事务办理和社会公共服务的时效性、精准度、满意率。二

是提高农村居民信息素养。在农村定期组织开展信息技术培训教育,重点提高受教育程度低的农村居民的互联网使用技能,提升非网民对互联网的需求,进而提升其对农村人居环境和"美丽乡村"建设的关心度、认知度。三是通过网络平台提升农村居民环境公共事务参与度。有效利用互联网媒介,构建形式多样、贴近群众的"美丽乡村"网络平台,保证农村居民获得更多客观的环境信息和环境知识,并通过网络互动,有效提升其对环境公共事务的参与度,改善其私人环保行为,进而提升农村环境治理水平。

（赵峥执笔）

乡村治理政策建议

乡村治理现代化：进展、问题与建议

  乡村治理是国家治理的重要部分。自古以来,我国乡村基层组织肩负着治安维护与民众教化的治理任务。从模式演进看,乡里两级架构、邻里互保设计、依托宗法组织是传统乡土社会治理的共性形态,这些深刻影响着当前我国的乡村治理实践,也为我国社会治理创新提供了重要历史经验。

  自党的十八届三中全会提出"社会治理"以来,多主体参与的思路全面影响着城乡中国的治理实践,显著改变着我国社会治理的整体面貌。党的十九大报告提出,要加强农村基层基础工作,健全自治、法治、德治相结合的乡村治理体系。新近中办与国办印发了《关于加强和改进乡村治理的指导意见》,要求建立健全党委领导、政府负责、社会协同、公众参与、法治保障、科技支撑的现代乡村社会治理体制。这些要求充分反映了我国乡村治理的历史传统、时代精神与现实需要,标志着我国乡村治理迈入新阶段。

一、我国乡村治理取得的主要进展

  我国乡村治理是在因应经济社会发展需要过程中提出的,各级政府进行了大量的实践探索。总体上,我国在夯实乡村治理产权基础、推进治理民主化法治化、优化治理主体结构、提升公共服务水平方面均有积极进展,构成乡村治理现代化的良好基础。

（一）多元治理的产权基础更加夯实

土地是农村各种利益纠纷的焦点。历史上，土地经由生计保障、产权兼并、赋税征收等路径影响农村的稳定。2018年，全国人大对土地承包法进行修改，明确土地三权分置，稳定农村土地承包关系长久不变，允许土地经营权流转并用于担保抵押，保护妇女土地权益等，使得许多基层土地纠纷得以依法化解。当前，无论是承包地、集体建设用地，还是宅基地的改革均致力赋予农民更多财产权利，保障农民合法权益。具体看，推进承包地所有权、承包权、经营权的三权分置改革，核心在于落实集体所有权、稳定农户承包权、放活土地经营权，形成新型农业经营机制，拓宽农民财产性收入来源，增强农业发展活力。集体经营性建设用地的改革重点是实现与国有土地同地同权同价，建立城乡统一的建设用地市场，进而提高集体和农民财产性收入。宅基地改革的重点是实现所有权、资格权与使用权的三权分置，健全农民的住房保障机制。土地征收改革的重点是规范征用机制，减少矛盾纠纷。

这些改革的直接影响是大幅减少了土地类矛盾纠纷，而对乡村治理更深远的影响在于为多元治理格局奠定了产权基础。首先，土地事关农民长远切身利益，农民参与治理的意识必然加强。其次，由于农民土地权益得到法律保护，财产性收入得到提高，农民在治理过程中议价能力得到增强。再次，种粮大户、代耕农、农业工人、土地经营精英、合作社、龙头企业等多种利益主体得到培育与壮大，将利好多元治理主体结构的形成。当然，在推动乡村振兴过程中，土地改革会伴有发展与收益不平衡的问题，进而可能导致部分群体获得感不强而影响社会稳定。

（二）农村民主法治进程有了积极进展

民主与法治是现代治理的基石，也是社会主义核心价值观的重要组成。乡村治理民主化、法治化是治理现代化的内在要求，对提升乡村治理能力、稳定乡村治理经验、维持乡村社会秩序具有深远意义。

基层民主与协商民主是我国民主的鲜明特征。为推动基层协商民主的发展，2015 年中办和国办专门印发了《关于加强城乡社区协商的意见》，地方的一系列实践创新则成为将矛盾化解在基层的有益探索。比如，在基层党支部换届过程中，"两推一选""公推直选"机制普遍推行。在村务自治方面，村务监督委员会普遍建立，地方涌现出了"民主恳谈""板凳夜话""村民理事会""村民议事厅""村协商委员会""公德评议团""村民说事"等民主创新形式。移动互联网的发展，使得社区微治理、掌上社区、网络公开等成为外出人员参与村务管理的重要渠道。正是这一系列机制创新，让新时期"小事不出村，大事不出镇，矛盾不上交"有了制度基础。

与此同时，我国乡村治理的法制体系日渐完善，法治化进程有序推进。2017 年，党的十九大通过的党章修正案规定："党的基层委员会、总支部委员会、支部委员会每届任期三年至五年。"为贯彻这一要求，中办于 2018 年印发了《关于党的基层组织任期的意见》，明确村和社区党的委员会、总支部委员会、支部委员会每届任期为 5 年。同年，全国人大对村居委会组织法进行了修订，使村民委员会、居民委员会的任期与村和社区党组织的任期保持一致，以便坚持和加强党的全面领导。2019 年，中共中央印发新修订的《中国共产党农村基层组织工作条例》，增写乡村治理一章，推进乡村治理法治建设。2019 年，中共中央、国务院还出台了《关于建立健全城乡融合发展体制机制和政策体系的意见》，提出全面推行村党组织书记通过法定程序担任村委会主任和村级集体经济组织、合作经济组织负责人，让有关实践有章可依。此外，基层乡镇司法所、乡村法庭、律师事务所等法律服务机构与平台相继出现，"法制副主任""法律顾问"等创新在一些地方积极发挥治理作用。

（三）基层治理的主体结构更加优化

适应人口规模与结构的变化,我国农村基层政权组织数持续下降。自20世纪90年代改革进程加快以来,乡村剩余劳动力快速向城市转移,乡村人口自1995年的8.6亿人降至2017年的5.8亿人,平均每年下降近1300万人。相应地,全国乡镇数从2002年的39240个降低至2017年的31645个,累计减少7596个,平均每年减少500个。不仅绝对数在下降,乡镇占乡级行政区划的比重也在持续下降,从2002年的87%降至2017年的79%,特别是乡占乡级行政区划的比重从42%大幅下降至26%。

合乡与并村是同步进行的。从基层政权与自治组织的配比来看,乡镇与村委会自2005年以来基本上稳定在了1∶18的比例关系。但从1995年到2017年,我国村委会从93.2万个减至55.4万个,平均每年减少1.7万个,村委会占自治组织比重从89%降至84%。同时,我国乡村党组织建设进一步加强。2017年,全国31726个乡镇、547152个建制村已建立党组织,覆盖率均超过99%。[①]

尽管乡与村的组织设置随着人口转移快速减少,乡与村管理的人口规模依然在下降。数据显示,平均每个乡镇管辖乡村人口从2002年的1.99万人降至2017年的1.82万人[②],平均每个村委会自治人口从1148人降至1040人(图1)。合乡并村是我国经济与人口发展趋势的必然结果,与此同时,1995年至2017年间,我国村委会平均成员数始终维持在4—5人左右。在工作人员编制不增甚至减少的情况下,这一变化意味着基层政权与自治组织在管理服务现有人口时实现效率的提升。

[①] 中共中央组织部:《2017年中国共产党党内统计公报》,见中组部网站,http://news.12371.cn/2018/06/30/ARTI1530340432898663.shtml。

[②] 平均乡镇管辖乡村人口=乡村人口数/乡镇区划数,由于部分镇人口被统计入城市人口,所以乡镇平均管辖人口实际上会更多。

图1　我国乡镇平均人口数与村委会平均管理人口数

资料来源:国家统计局网站。

在行政组织及其代理之外,农村新型经济与社会组织快速发展,成为乡村治理的重要主体。自党的十七届三中全会提出扶持农民专业合作社以来,我国农民专业合作社迅速发展,从2008年年末的11万户快速增至2018年年末的217万户,占实有市场主体比重从2008年的0.28%上升至2015年底的1.98%(图2)。在农民互助组织方面,我国社区互助型养老设施的个数近年快速发展,从2014年的40357个到2017年的82648个,在3年内即翻了一倍,这其中相当一部分建在农村地区。这些互助养老机构并非都进行了组织注册登记,但事实上具有自我组织、自我服务、自我管理的性质。

(四)农业户籍人口的公共服务有所提升

公共服务与社会治理是社会建设相互促进的两大组成。随着城乡一体化发展迈出新步伐,农村教育、卫生、文化、环境等社会事业快速发展,城乡居民基本医疗和养老保险制度开始并轨,异地就医"一站式"报销制度逐步

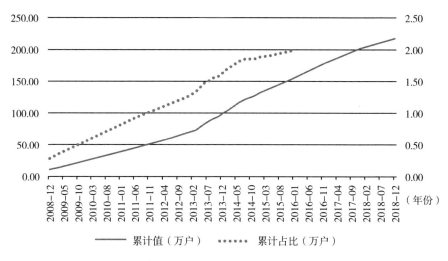

图 2　我国市场主体中农民专业合作社发展情况

资料来源:WIND 中国宏观数据库。

建立,资源配置均衡化程度有所提高。"中国民生调查"显示,2017 年农村居民对食品安全、环境的满意度进一步提升,分别达到 62.9%、66.1%。[①]农村公共服务的改善通过解决农民切身民生问题,大大减少了农村不稳定因素。

农村进城务工人员权益保护工作得到高度重视,服务保障更加有力,使得进城农民社会融合度大幅提升。在中央层面,未签订劳动合同、拖欠农民工工资、社会保障不足、子女随迁就学难、劳资纠纷维权难、居住条件差、就业创业信息缺乏、劳动技能不足等与乡村外出务工人员切身利益相关的议题得到高度重视,有关工作机制不断完善,取得了较好成效。在地方层面,各地基于现代信息技术,大力推行网络问政、网络服务、远程监督等治理创新,部分缓解了因人口流动导致的公共服务办理与治理参与不便的状况,提升了村民自治的效能。

----

① 国务院发展研究中心课题组:《中国民生调查 2017》,中国发展出版社 2018 年版,第 50—100 页。

二、我国乡村治理存在的突出问题

尽管当前我国乡村治理取得了一些成就,但地区间发展不均衡与固有文化差异增大了治理难度,乡村治理难以形成普遍有效的模式。从经济基础看,发达地区农村有产业和集体经济收入作为财力支撑,但绝大多数欠发达农村集体经济薄弱,或没有任何集体经济收入,成为缺乏产业的"空壳村",乡村治理缺乏可用资金。从政治环境看,边疆与部分西部地区地广人稀,基础建设薄弱,治理半径大,反恐维稳、民族团结任务重;与之类似,首都及周边地区面临安全稳定压力大的问题。从主要矛盾看,北上广等发达地区的农村接近城镇,外来人口集聚,流动人口管理服务压力大,房屋拆迁、土地征收项目多,经济利益纠纷多,而贫困地区农村的首要任务是脱贫摘帽,解决"两不愁、三保障"问题。

从国家治理整体看,当前乡村治理仍然是我国社会治理的薄弱环节,表现为:自治、法治、德治相结合的治理体系尚不完备,基层治理的组织能力与水平不足,作为治理主体的乡村人口持续外流,公共服务支撑作用尚不充分。

(一)法律与道德的社会规范作用有限

德法并用是我国传统治理的重要特征,但当前我国乡村治理面临法治基础薄弱而德治影响式微的困境。

法治基础薄弱有三个方面表现。一是由于农民法律知识有限,法律诉讼周期长、成本高,农民"信访不信法""信权不信法"现象普遍。特别是在西部民族宗教地区,人们还习惯于用民族习惯法与宗教教义去解决纠纷,法治意识薄弱。二是一些重要法制建设滞后于乡村治理实践。比如,村委会自治组织法主要涉及村治的组织架构,对村民自治的具体实施程序与规范涉及不够。再如,在乡村集体土地权益分配、集体经济组织管理以及安全生产、环境保护方面,有关法规的制定与修改无法及时推进,导致治理无法可依。三是乡村治理的重要主体未能起到尊法、用法、执法的示范作用。地方政府面临综治维稳的考核压力,习惯依靠经济补偿手段化解矛盾纠纷,导致农民在涉及土地征收、房屋拆迁、移民安置等事件上往往选择信访而不信法。基层选举过程中拉票贿选、政府干预、宗族主导等不合法现象依然大量存在,一些地方村干部以言代法、以权压法、徇私枉法、滥用权力,无视法律的存在。

我国传统社会是礼俗社会,"一辈子官司几辈子仇",依靠德高望重人士的礼治教化来达到无讼的境界,但当前我国农村的德治环境受到市场化、城镇化的猛烈冲击。这突出表现为:随地吐痰、乱倒垃圾、不遵守交规等不文明行为依然普遍,大办宴席、薄养厚葬、天价彩礼、互相攀比等陋习依然存在,精准脱贫过程中出现了等、靠、要思想;农村家庭关系日趋多元,家庭婚姻纠纷时有发生,不守婚则、不孝父母、家庭暴力现象增多,离婚率快速上升;睦邻互助的农村社会情谊开始淡化,红白喜事外的互相帮忙开始需要付费;村规民约运动火热,但多内容雷同,停留于上上墙,部分民族地区寨规等地方规范作用减弱;乡村德治的关键是德高望重人士的教化作用,但当前突出的问题是发挥这种作用的乡贤人士的缺乏。

(二)基层政府的责权能配备不适应治理需要

治理既需要多元主体的参与,又需要政府自身的治理创新,而当前我国的乡村基层政府在权责能配置方面尚难以适应这一需要。

从治理职责看,由于缺乏部门间统筹协同的顶层设计,我国社会治理实践中部门条块分割、各自为政的问题普遍存在,呈现出碎片化的局面。单就网格化而言,在国家综治委社会管理办公室撤销后,各地基层网格化治理就出现了政法、城管、政府指挥调度中心、12345 热线多线作战的现象。在基层社区治理创新过程中,组织、政法、民政、农业农村等条线均培育与引导了一批先进典型,但部门合力体现不够,互认与推广程度不高。总体上,政法系统社会治理手段主要是综治管控、矛盾调解、司法诉讼等,而民生系统主要是公共服务供给、共同体建设、公益慈善培育等,二者理念不一,需要统筹兼顾。

从治理权限看,乡镇级政府承担了区域内经济社会发展的几乎全部职能,这包括乡村管理与公共服务,而有关的行政权力集中在区县。大量部门的垂直管理设置更是束缚了乡级治理的手脚,导致乡镇无限管理服务责任与有限权力间的矛盾突出。针对这一问题,目前的两类探索取得了一定成效:一是"街乡吹哨、部门报到"式创新,主要目的在于把行政治理力量下沉到基层;二是12345市民热线,民众可以将问题直接反映到市级层面,市级通过行政压力迫使问题得到解决。

从治理能力看,当前政府工作人员中不理解治理、不知如何治理的能力不足问题较为严重。在基层、在农村地区,这种治理认识偏差与能力恐慌尤为明显。表现在实践上,就是地方政府普遍将社会民生工作等同于社会治理,以民生建设替代社会治理,对发展民生、投资民生工程比较重视,社会治理工作则停留于文字上。再如,在发展与孵化社会组织方面,由于不知如何管理,对娱乐型、经济型、科技型、公益型组织审批开绿灯,对其他类组织登记则亮红灯。

(三)乡村自治的活力与效能未充分释放

党领导下的村民自治是我国乡村治理的基本制度设计,由于多方面的条件约束,目前我国乡村自治的整体水平不高,效能未能充分释放,活力也显得不够。

从经济基础看,农村税费改革后,乡村治理少了抓手,村庄公共事务筹工筹资时,村民响应程度低。同时,大量乡村缺乏集体经济收入和产业,成为空壳村。比如,辽宁有60%的乡村没有集体收入,有90%的农村集体收入在5万元以下。而工商资本下乡一方面缓解了农村资金缺乏的境况,但追求利润最大化与提升话语权的现实需要也促使了资本与权力的结合,导致某些村组织成为资本攫取村庄资源的代理,最终导致农民利益受损,也影响了村民对村两委的信任。

从基层政权运行看,基层政权经由财政资金与下乡资本强化了自治组织的行政化。上面千条线、下面一根针是基层自治组织一直面临的困境。税费改革后,政府加大对农村的财政转移支付力度,大量设立涉农专项资金,大力改善乡村基础设施与公共服务,推动社会主义新农村与美丽乡村建设,基层政权与农村关系从资源汲取型转变为资源反哺型。在财政资金、工商资本项目、公共服务、脱贫攻坚等工作任务不断向农村延伸的同时,乡级行政功能也进一步向农村延伸。比如,乡镇政府作为最终执行政府,对村两委下派任务指标,通过政绩考核、工资转移支付、村财乡管等方式,强化对村两委的控制。由于行政治理和村民自治主体的权力来源和利益诉求不同,两套治理机制暗含相互矛盾的治理诉求,并且在各自运作的领域自发性互相排斥①,村级组织的行政化对村民自治空间形成挤压。比如,在推进美丽乡村建设、脱贫攻坚等工作时,一些地方出现了"代民选择""替民决策"现象,使得有关工作既偏离了中央以人民为中心的初衷,也无法满足村民的现实需要。随着自治组织行政化与权威下降,村民参与治理的主观意愿进一步下降,出现"上热下冷""干部在干,农民在看"的情形。如果这种困境无法得到缓解,乡村振兴与乡村治理将缺乏内生动力,依赖政府便会成为常态。

从基层组织建设看,乡村两委组织软弱涣散,乡村治理的战斗堡垒作用发挥不充分。从根本上看,农村劳动力向城市转移,乡贤精英外流,使得村

---

① 参见李友梅:《中国社会治理的新内涵与新作为》,《社会学研究》2017年第6期。

支两委力量整体上受到削弱。具体看,基层党员干部组成老龄化,文化程度不高,治理素养与技能不足,难以适应新时期治理需要,加之村干部政治身份低、经济待遇不高,进而为官不为、发挥作用不充分,群众认可度、信任度不高,乡村公益事业难以发动群众。在一些地方,村干部队伍中甚至混入了"黑恶"势力,侵吞农民利益。从与新型农村组织关系看,村两委与其他村级经济社会组织之间治理边界有待进一步明确厘清。在沿海发达地区,村两委与集体经济组织存在功能、责任与成员资格范围的交叉重叠,二者法律关系不清导致诸多治理风险。

从乡村自治程序看,当前农村党支部多采取乡镇党委委派与选举相结合形式,村长多由村民选举,如何实现基层党建与村民自治的统一、支部书记与村主任一肩挑均亟须建立合法程序。具体到村民自治的实施,由于村务自治的决策程序与议事规则不清晰,村民大会与村民代表大会等重要治理机制功能无法充分发挥,村民利益表达与反映机制不畅通,公共事务由少数干部说了算。在乡村选举过程中,家族、土地开发商等利益集团干扰乡村选举等问题难以有效避免,加之村务公开及财务公开执行不彻底或者走样,导致乡村权力脱离群众,基层社会矛盾累积。

(四)人口外流导致乡村治理主体缺失

我国自古就是农业人口大国,现代化与城镇化进程改变着城乡人口的数量与结构,进而影响乡村治理的主体结构。从绝对规模看,1978年以来我国乡村人口先是不断上升,在1995年达到峰值8.6亿人后,开始持续下降,到2018年降至5.6亿人,下降了整整3个亿。从结构看,改革开放开启了农村人口城镇化与非农化的大进程,乡村人口比重从1978年的82%下降到2018年的40%,农业户籍人口比重则从1978年的84%下降到2014年的63%(图3)。这其中,大量以农民工等形式存在的人口向城市转移,流动人口最多时于2014年达到3.0亿人,2018年仍有2.9亿人。

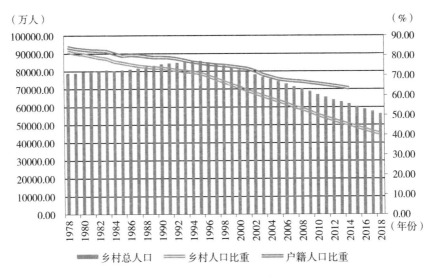

图 3　我国乡村人口数量的变化

资料来源：WIND 资讯中国宏观数据库。

　　尽管乡村人口流出一定程度上改善了农村居民生活水平，提升了农民的文明素养，但也直接导致乡村治理主体的流失。从我们调研的情况来看，在山区乃至欠发达的平原地带，一些农村常住人口只有 200—300 人，传统的乡村治理模式难以为继。这种治理主体缺失导致的困境体现为：大量外出人员无法行使村民选举等民主权利，乡村治理过程无法得到更多群众的参与和监督；乡村社会治理与公共服务供给人才缺乏，农村出现了两委班子老化、医生与老师队伍后继无人等问题，以致一些地方出现了看不懂中央文件的现象；乡村社会出现了严重的三留守问题①，家庭纠纷增多，未成年人辍学与犯罪增多，"村霸"等黑恶势力壮大，村民人身财产安全受到威胁。在沿海发达地区的流入地农村，外来人口流入导致户籍人口与非户籍人口的结构性"倒挂"，对流入地的公共服务与管理能力带来巨大挑战，围绕公

――――――――

　　①　根据国家卫计委流管司的调查，留守儿童占乡村儿童比重为 35.6%，留守老人占乡村老人比重为 31.8%。

共服务均等化、公共事务参与权等问题还出现了新的群体间利益冲突。

(五)乡村治理依托的公共服务仍是短板

现代治理注重寓治理于服务,服务是治理的重要依托。整体上,当前乡村的公共服务难以满足乡村人民日益增长的美好生活需要,也使得乡村治理缺乏足够、有效的服务与信息载体。

长期以来我国城乡差距大,体现得最直观、农民反映最强烈的依然是基础设施和公共服务领域。在基础设施方面,全国有1/3左右的行政村村内道路没有硬化,近1/3的村生活垃圾没有集中收集处理,超过80%的村生活污水未得到集中处理,使用无害化卫生厕所的农户比例不到一半。① 在基本公共服务方面,养老、教育、医疗服务方面供给仍不充分,农民看病、子女上学还有不少困难,因病致贫普遍存在,进而引发社会矛盾。比如,2017年我国农村地区每万人口幼儿园数为1.56所,与城镇2.03所还有较大差距。一些地方为解决乡村人口向城镇聚集后的大班额问题,发展民办教育,因为学费高、新装修房屋存在环保问题引发群体性事件。此外,以行政村为单元的配置方式使得公共服务远离甚至超出村民的生活半径。

在传统公共服务之外,农民对金融、法律、文化、环境等新型服务需求不断增长,但供给不够。比如,面向乡村的图书馆、博物馆、文化馆设施仍显稀少,村级文化广场多面临维护经费不足、产品供给少、与乡村需求不衔接等问题,实际效果欠佳。再如,不少村庄还没有连上4G网络和宽带光纤。据统计,2018年年末我国非网民规模为5.62亿,其中农村地区非网民占比达63.2%②,这不利于智能治理在乡村的开展。

---

① 参见韩长赋:《坚持农业农村优先发展 大力实施乡村振兴战略》,《农村工作通讯》2019年第8期。

② 中国互联网络信息中心:第43次《中国互联网络发展状况统计报告》,2019年2月28日,http://www.cac.gov.cn/2019-02/28/c1124175677.html。

三、推进乡村治理现代化的政策建议

针对我国乡村治理过程中面临的主要挑战与存在的主要问题,总结现有的成功经验,我们认为当前推进乡村治理现代化的大思路主要是两条:在必要的顶层设计框架下鼓励地方充分的模式探索;在城乡一体化发展中、在新型城镇化与乡村振兴的大局中推动城乡治理的联动。

实现必要顶层设计与充分地方探索相结合。坚持问题导向、因地制宜,合理限制范围,将顶层设计的重心放在规划引导、组织统筹、政策协同、资源整合上。积极借鉴北京社会工作委员会、成都社会建设委员会与城乡社区发展治理委员会等创新经验,成立社会治理工作委员会,明确牵头和成员部门及其职责分工,完善社会治理体制。编制社会治理专项发展规划,明确乡村治理的目标与关键任务,形成可操作、可量化、多维度的指标体系,并应用于干部考核。加强诚信、信息管理等基础性制度建设,适当安排乡村治理专项经费,保障乡村治理资金,改进公共财政预算管理,提升社会治理工作绩效。鼓励自下而上多样化的探索,避免一刀切,激发乡村治理适应各地实际的内生活力。

在城乡融合发展中推进城乡治理联动。从新型城镇化与乡村振兴的大局部署城乡社会治理工作,协同推进农村产权制度改革与城镇户籍制度改革,便利人口双向流动,从基本制度上助推城乡治理联动。发展乡村产业,统筹乡村集体土地与集体经济收入的使用,引入社会资本、公益共建等方式,全面补足农村公共服务短板。切实保障农民土地权益,提升社会保障水平,加强技能培训与职业教育,增强土地流转后农民的就业创业能力。

加快推进城乡公共服务体系的统筹规划与部署,融合城乡公共服务资源,推动公共服务资源更多向农村倾斜,为城乡居民提供标准统一、制度并轨、基本均等化的公共服务,以基本公共服务均等化兜起城乡社会稳定的底,推动城市治理与乡村治理的信息互通与协同联动。大力推进乡村厕所革命与垃圾分类,改善乡村人居环境。在网格化、信息化中充分挖掘社会服务功能,变网格的治安监控与信息反馈导向为服务导向,寓治理于服务。

逐步实现城乡网络信息系统互联互通,充分发挥现代信息技术作用,助推城乡公共服务与社会治理的智能化运行。依托大数据平台与技术,加强人口登记、信息管理和监测预警,实时掌握乡村人口居住流动动态。结合当前各地基层治理平台建设工作,推行"电子村务""掌上社区",便利基层部门间、干部之间、干群之间的互动对接,提高政府行政效率,推动乡村公共服务信息化、集成化、便捷化发展。加快建设信息化、智能化乡村社会治安防控体系,继续推进雪亮工程建设,建立定期维修护理机制。

在这一大思路下,我们认为当前推进乡村治理现代化的重点在如下方面。

(一)有效激活法律与道德在乡土社会的规范作用

加强重点改革领域法规立改废工作,形成村民自治的规范指南,完善集体经济组织的管理体制,积极稳妥推进土地产权制度改革。适应人口结构与流动变化,在不调整村两委换届选举年份的基础上,将换届选举的具体时间调整为流动人口集中返乡的春节期间。放宽非户籍常住人口及党员参加常住地社区两委选举限制,扩大流入地的政治与社会参与,促进社会融合,推动城乡治理的互动。将扫黑除恶专项行动的经验转化成乡村公共安全的制度化举措。健全乡村治理法治化监督与考评体系,加大对乡级政府和村两委的依法监督和问责,将权力扎在制度的笼子里面。依托现代信息化技术,建设乡村"智慧法院"。普遍建立乡村法制顾问制度,发挥好退休法律教师、法官、检察官、律师、民警作用,提升乡村治理人才队伍法治素养。

推进文旅创新,深入挖掘地方乡规民约、家风古训、文化名人所蕴含的道德规范,发挥道德教化作用,引导农民孝老爱亲、勤俭持家、重义守信、向善除恶。广泛开展好家庭、好媳妇、好儿女、好公婆、好党员、好村官、好老师、好村医等评选表彰活动,深入宣传有关典型事迹,形成尊道崇德的良好社会氛围。

(二)积极打造党政经社各类组织的治理合力

优化基层党政机构设置,明确乡镇政府对派驻机构的牵头领导权力,下沉部分执法权,形成乡村治理合力。进一步推进合乡并镇,按人口比重优化基层政权与自治组织设置。坚持乡镇政府指导、支持和帮助村委会的法律定位,在具体事项中细化乡镇政权与村支两委关系,推动基层自治组织减负。

高度重视农村党组织建设,积极发展年轻党员,提升农村基层党组织创新活力。落实村党组织对农村社会治理工作的领导,进一步理顺农村基层党组织与村民自治组织、集体经济组织、公共服务站(所)间的权责关系。禁止下乡资本代表进入村两委,建立村企协调委员会等中间性组织,夯实政权基层基础。制定村委会组织民主选举、决策、管理、监督的制度细则,做实村民会议、村民代表会议和村务监督委员会的作用,形成乡村治理的内生动力。

大力发展村集体经济组织,将培育农村经济组织与保持农村经济组织的活力作为乡村治理的根本支撑,充分发挥新型生产合作组织振兴产业、积累资金、集聚人才的作用。推动集体经济组织公司化发展,推动多层次治理实践,优化乡村治理主体结构。

适当降低注册门槛,鼓励农会、行会、社区基金会等乡村社会组织发展。通过政府委托采购、以奖代补、民办公助等方式鼓励社会组织、企业等主体参与治理。搭建社区共建理事会、乡贤参事会、泥腿子监理、公德评议团、十户联保等平台,探索治理社会化的新型机制,培育村民文明议事、友好协商的素养与技能,扩大乡村居民参与。

（三）多渠道建设现代化的乡村治理人才队伍

改变三农投入重资金、重项目的做法，更加重视乡村人才队伍建设。实施乡村头雁工程，通过给予财政奖励与补贴、支持租赁与购买农村土地、鼓励离退休人员还乡、设立返乡人才工作驿站等举措引导人才向乡村回流，放宽户籍、年龄等限制，探索向社会招聘职业村干部，便捷人才向农村流动的渠道。搭建乡贤理事会、协商会等平台，充分发挥退休干部、农民企业家、优秀农民工等新乡贤在乡村教化、纠纷调处、发展集体事业中的作用。加强基层社会治理与公共服务系统公务人员专题培训，针对乡村基层干部增加社会调解、社会服务、心理疏导、民主协商、法律咨询等技能培训，提升治理能力。在社会学、管理学、法学、心理学、教育学等相关学科中开设社会治理专业，培育专业社会治理人才。加大社区社会工作者培养，推进社工长期入驻社区，依托专业特长辅助基层党群组织开展工作。

（李建伟、李兰、王伟进执笔）

推进我国乡村社会治理
创新发展的政策建议

　　农村是我国经济社会发展的重要基础。乡村治理是社会治理的基础和关键,是国家治理体系和治理能力现代化的重要组成部分。伴随我国新型工业化、信息化、城镇化、农业现代化快速发展,我国广大乡村正经历着前所未有的变化。农业生产方式、社会结构的变化在促进农业发展、农村进步、农民富裕的同时,也给乡村社会治理带来一些新问题。面向未来,推动我国乡村社会治理创新,需要完善"党委领导、政府负责、社会协同、公众参与、法治保障"的社会治理体制,突出农村基层党组织的领导,加强农村公共产品和服务供给,提升农村居民自治能力,提高乡村治理法治化水平,积极推动乡村智慧治理,实现共建共治共享治理新格局。

一、突出农村基层党组织的领导作用

　　加强和创新乡村治理关键是要充分发挥农村基层党组织的核心作用,强化村级党组织的思想引领、组织引领、工作引领地位,提升其领导驾驭乡村社会治理的能力水平,主动引领和推动乡村社会发展的进程。重点加强农村基层党组织领导班子建设和党员队伍建设,积极为农村基层党组织补充新的力量和血液,提高农村基层党组织党员质量,充分发挥农村党员在乡村治理中的模范带头作用,不断增强农村基层党组织的凝聚力、号召力和战斗力。建立科学完善的农村基层党建工作制度,增强广大党员的认同感和归属感,并通过完善教育培训和"干中学"机制,提高农村党员政治素质、服务意识和工作能力。在党组织统一领导下,鼓励农村各类经济、社会组织成员和农民参与乡村社会治理,保障基层组织决策科学化和民主化。

二、加强农村公共产品和服务供给

良好的公共产品和服务是乡村社会治理的基础,也是政府职能发挥的重点领域。推动我国乡村社会治理创新发展,需要加强农村公共产品和服务供给,满足农村居民日益增长的美好生活需要,增强农村居民的自豪感和归属感,提升乡村社会的吸引力、创造力和凝聚力。第一,加大公共资源向农村地区投入的倾斜力度。围绕农村居民最关心、最直接、最现实的问题,包括环境污染、义务教育、医疗卫生、养老保障、留守儿童、文化体育、农技推广等,提升农村居民的幸福感和获得感。按照事权与财权相匹配的原则,科学界定中央政府与地方政府在农村公共服务供给中的责任,调整财政支出结构,逐步增加国家农村公共服务财政支出的总量与比例。利用财政杠杆的引导作用,积极引导社会资本参与农村基础设施建设和社会事业建设。第二,完善城市反哺农村发展的长效机制。加快推进城镇基础设施和公共服务向农村延伸,逐步建立城乡互联互通的基础设施体系和一体化的公共服务发展机制,使农村的基础设施和各类公共服务逐步接近和达到城镇水平。第三,推动基层政府由管理型政府向服务型政府转变,强化政府在农村公共服务中的主体责任。在不断提升政府提供公共产品和服务的能力与水平的同时,畅通公共服务供给渠道,充分发挥市场、社会的积极性,推动农村公共事业又好又快发展。建立农村居民需求表达与公共服务供给决策机制,搭建信息沟通与反馈平台,实现投资决策的高效性。建立政府管理与监督体系,完善涉农资金使用与管理制度,强化公众、媒体的监督作用,保障资金使用效率。采取相应激励措施和优惠政策,吸引、鼓励、支持城市优秀人才参与农村公共服务建设,在工资福利、职称晋升等方面给予倾斜。打破公共服务以行政村为单位的单一配置模式,根据人口规模,因地制宜创新资源配置方式,实现乡村公共服务均衡化。

三、提升农村居民自治能力

村民自治制度是中国特色社会主义民主政治的重要组成部分。自治是农村改革和基层民主政治建设的重要内容,是体现村民意志、保障村民权益和村民参与村庄民主政治建设的重要方式。改革开放以来,在基层探索的基础上,我国建立了党领导下的村民自治制度,有效实现了村民的自我管理、自我教育和自我服务,奠定了乡村治理的组织基础。未来,应按照《中华人民共和国村民委员会选举法》和《中华人民共和国村民委员会组织法》,在保障村民民主选举权的同时,建立长效机制保障村民的民主决策权、民主管理权和民主监督权,将村民治村、协商共治、民主参与的自治精神渗透至乡村治理的实践过程中,推动乡村事务民主决策、民主管理、民主监督。重点发挥村民代表大会、村民理事会、村组自治组织在乡村治理中的地位和作用,夯实村民自治组织在乡村治理体系中的基础地位。进一步扩展村民自治领域和自治方式,积极推行民情恳谈会、事务协调会、工作听证会、成效评议会等工作制度,引导农村居民主动关心、支持乡村发展,有序参与到乡村建设和管理中来,增强村民"主人翁"意识,实现"民事民议、民事民办、民事民管"。将民主管理与民主监督有机地嵌入民主决策机制并使其成为机制运转的重要组成部分,实现民主决策、民主管理、民主监督的有机融合,提升农村居民自我管理、自我服务水平。同时,充分发挥新乡贤的作用,将有担当、有能力、有公益心的乡村精英充实到农村自治组织中,通过能人带动提升村庄自治能力。特别注重发挥退休干部、农民企业家、优秀农民工等新乡贤引领作用,并通过鼓励回乡创业等方式注重培育新乡贤,鼓励其积极参与农村公共事业建设和农村基层组织建设。

四、提高乡村治理法治化水平

法治是实现乡村有效治理,维系农村居民各项权利的制度保障。提升乡村治理的法治化水平,一是加强乡村法治顶层设计。根据"三农"发展客观规律,紧密结合农业农村改革发展要求,完善农村社会治理法律法规,强化法律在农村社会治理中的权威地位。二是加强农村法治建设。开展法制教育工作和普法活动,引导广大农民用法律维护自身权益。完善农村法律服务所、人民调解组织,健全和完善乡村社会的仲裁机制、法律调解机制和司法保障机制,推进平安乡镇、平安村庄建设,运用法治思维和法治手段解决农村改革发展中遇到的问题,依法保护农民的合法权益。三是严格执法。乡村干部要不断提升自身的法律素养、法治观念与守法意识,严格将自身服务乡村社会的公共性行为嵌入法律制度规则中。开展突出治安问题专项整治,严厉打击生态环境、农产品安全等领域的违法行为,严厉打击农村黑恶势力、宗族恶势力,消除黄赌毒盗拐骗的社会基础。四是建立健全执法监督机制。通过民主评议、绩效管理、村务公开等方式,实现乡村社会治理参与者的有效制衡。需要注意的是,村规民约是农民群众依据宪法和有关法律法规,基于村民自治权并结合乡村实际共同制定的一种自我约束规范和自治规范,兼具合法性和村民认同性,在乡村社会治理中发挥着独特的作用。但在乡村社会治理实践中,一些地方也存在着村规民约制定程序不严谨、内容不合理、执行偏差等问题。特别需要在发挥好村规民约在乡村社会治理中的涵养守望相助、崇德向善的文明乡风的积极作用的同时,处理好村规民约与法律法规的关系,系统梳理和修改完善有关规章制度和行为准则,确保"软规则"的合法性与合理性,增强其实施过程中的透明性,实现法治和自治的有机结合。

五、积极推动乡村智慧治理

互联网、大数据、人工智能等新一代信息技术的蓬勃发展,正在对乡村社会产生深刻影响。信息技术的应用与普及既打破了传统社会治理中的信息不对称问题,有助于建立健全多元、多视角监督体系,促进治理组织结构和流程的优化和重组,也有助于促使行政运行效率提高,使基层政府、基层干部和村民形成良好的互动关系,在一定程度上颠覆了传统的农村政治、经济、社会关系及其连接方式,为乡村经济社会发展带来新的活力,也为乡村社会治理方式创新提供了新的机遇。在新的形势下,应把握信息技术变革机遇,加强现代科技在乡村社会治理各个领域和不同场景的深度应用,优化治理技术工具,发展大数据治理、云治理、"互联网+乡村治理"等新模式,释放现代科技在乡村治理中的巨大效能,提升乡村智慧治理能力。重点加快乡村信息化基础设施建设,弥合城乡之间的"数字鸿沟",增加更多的智慧产品和服务供给。打造"智慧社区",推行"电子村务",使广大农村群众全面、及时、有效掌握社会运行情况,通过信息技术平台和互联网,营造民主、平等、对话、协商的氛围。努力提高农村居民的科技素养,大力培育和引进服务乡村智慧治理的专业人才,为推动乡村智慧治理提供智力支撑。

(李建伟、赵峥、张晓路执笔)

责任编辑:崔秀军

封面设计:汪　阳

图书在版编目(CIP)数据

我国乡村治理创新发展研究/李建伟 等 著. —北京:人民出版社,2020.11

ISBN 978－7－01－022543－2

Ⅰ.①我…　Ⅱ.①李…　Ⅲ.①农村-群众自治-发展-研究-中国

Ⅳ.①D638

中国版本图书馆 CIP 数据核字(2020)第 193842 号

我国乡村治理创新发展研究

WOGUO XIANGCUN ZHILI CHUANGXIN FAZHAN YANJIU

李建伟 等　著

人民出版社 出版发行

(100706　北京市东城区隆福寺街 99 号)

环球东方(北京)印务有限公司印刷　新华书店经销

2020 年 11 月第 1 版　2020 年 11 月北京第 1 次印刷

开本:710 毫米×1000 毫米 1/16　印张:15.75

字数:200 千字

ISBN 978－7－01－022543－2　定价:56.00 元

邮购地址 100706　北京市东城区隆福寺街 99 号

人民东方图书销售中心　电话 (010)65250042　65289539